FRITZ HOFFMANN

DIE „CONFERENTIAE" DES ROBERT HOLCOT O.P. UND DIE AKADEMISCHEN AUSEINANDERSETZUNGEN AN DER UNIVERSITÄT OXFORD 1330–1332

ASCHENDORFF MÜNSTER

BEITRÄGE ZUR GESCHICHTE DER PHILOSOPHIE UND THEOLOGIE DES MITTELALTERS

Texte und Untersuchungen

Begründet von Clemens Baeumker
Fortgeführt von Martin Grabmann und Michael Schmaus
Im Auftrag der Görresgesellschaft herausgegeben von
Ludwig Hödl und Wolfgang Kluxen

Neue Folge

Band 36

© 1993 Aschendorffsche Verlagsbuchhandlung GmbH & Co., Münster

Gesamtherstellung: Druckhaus Aschendorff, Münster, 1993

ISSN 0067-5024
ISBN 3-402-03931-1

INHALTSVERZEICHNIS

Teil I

Einführung

Teil II

Texte

VORWORT

Diese Edition der „Conferentiae" des Robert Holcot O.P. und die Beschreibung des geistigen Umfeldes in der Einführung stehen in engem Zusammenhang mit meinen beiden vorangegangenen Werken über Holcot und Crathorn: Die theologische Methode des Oxforder Dominikanerlehrers Robert Holcot, Münster 1972, BGPhMA, N.F. Bd. 6 – Crathorn, Quästionen zum Ersten Sentenzenbuch, Münster 1988, BGPhMA, N.F. Bd. 29. Während aber in jenen Arbeiten jeweils der Magister selbst im Mittelpunkt steht, ist es das Ziel dieser Edition und der Einführung, einen Einblick in die Diskussionen zu geben, die sich zwischen den Magistern an der Universität Oxford in dem Dezennium nach Wilhelm von Ockham, der 1322 seine Lehrtätigkeit in Oxford abbrechen mußte, dort abspielten. So faßt die hier vorgelegte Publikation auch manche Ergebnisse meiner früheren Arbeiten zusammen und führt diese zu einem gewissen Abschluß. Die inhaltliche Bestätigung dafür bringt diese Arbeit selbst.

An dieser Stelle möchte ich vielmehr ein Wort des Dankes sagen. Dies gilt zuerst den Herausgebern der ‚Baeumker-Beiträge', Herrn Professor Dr. Ludwig Hödl und Herrn Professor Dr. Dr. h. c. mult. Wolfgang Kluxen, für die Aufnahme meiner Arbeit in diese Reihe. Herrn Prof. Hödl verdanke ich auch wertvolle, sachkundige Hinweise für die Erstellung der Arbeit. Dem Verlag Aschendorff unter der Leitung von Dr. Anton Wilhelm Hüffer danke ich für die bewährte ausgezeichnete Betreuung von Satz und Druck. Der textkritische wie der quellenkritische Apparat stellten hohe Anforderungen an Setzer und Korrektor. Wie bei den vorangegangenen Werken übernahm wiederum die Görres-Gesellschaft die Finanzierung der Drucklegung. Dafür sage ich ihr und ihrem Präsidenten meinen herzlichen Dank.
Unverzichtbare Voraussetzung für den Druck ist ein satzfähiges Manuskript. Dafür habe ich wie schon bei meinen früheren Publikationen eine unschätzbare Hilfe an meiner wissenschaftlichen Mitarbeiterin Frau Charlotte Queisser gehabt, die das Manuskript schrieb, die Register herstellte, beim Kollationieren der Handschriften fachkundig mitarbeitete und die Korrekturen mitlas. Ihr sei an dieser Stelle herzlich gedankt. Arbeiten wie die vorliegende erfordern in allen Stadien der Vorbereitung und in vielen Beziehungen einen ständigen Einsatz, bis der Schlußpunkt gesetzt werden kann. Der Autor weiß sich dabei manchem Helfer zu Dank verpflichtet. Hier danke ich Herrn Dr. M. Gerwing und auch der Sekretärin der Katholisch-Theologischen Fakultät

der Universität Bochum, Frau Karin Kuhl, die ihre Hilfe wiederholt selbstlos einbrachte.

Ich möchte dieses Vorwort beschließen mit einem herzlichen Gedenken an die Freunde im St. Franciscan Institute der Universität St. Bonaventura (USA), besonders Frau Professor Dr. Rega Wood, sowie in dem Pontifical Institute of Mediaeval Studies in Toronto (Kanada), besonders Herrn Pater Dr. Josephus Wey C.S.B. Von ihnen empfing ich manche Anregung und Zeichen des Interesses, die meine mediaevistischen Arbeiten im letzten Jahrzehnt begleiteten. Dafür bin ich herzlich dankbar.

Erfurt, im Februar 1992

                                        Fritz Hoffmann

QUELLENVERZEICHNIS

Ungedruckte Quellen

Adam de Wodeham
  Super libros Sententiarum Lectura secunda.
  Cambridge, Gonville and Caius College 281/674.
Johannes de Reading
  Super I librum Sententiarum
  Firenze, Bibl. Nazionale Conv. soppr. D.4.95
Robert Holcot (Holkot)
  Super IV libros Sententiarum
    Oxford, Oriel College 15 (O)
    London, Royal British Museum 10 C VI (RBM)
    Cambridge, Pembroke College 236 (P)
    Oxford, Balliol College 71 (B)
    Oxford, Corpus Christi College 138 (C)
Quaestiones quodlibetales
  London, Royal British Museum 10 C VI (RBM)
  Cambridge, Pembroke College 236 (P)
  Oxford, Balliol College 246 (B)
    Sigla in ( )
Robert von Halifax
  Quaestiones super Sententias
  Paris, Bibliothèque Nationale lat. 15880
Roger Rosetus
  Super libros Sententiarum
  Oxford, Oriel College 15
Walter Chatton
  Super libros Sententiarum
  Firenze, Bibl. Nazionale Conv. soppr. C.5.357
  Paris, Bibliothèque Nationale lat. 15887

Gedruckte Quellen

Adam de Wodeham, Lectura Secunda in Librum Primum Sententiarum. Vol. I: Prologus
  et Distinctio I, ed. by Rega Wood, assist. by Gedeon Gál, O.F.M. Vol. II: Distinctiones
  II–VII, ed. by Gedeon Gá, O.F.M., ass. by Rega Wood. Vol. III: Distinctiones
  VIII–XXVI, ed. by Rega Wood, ass. by Gedeon Gál, O.F.M. St. Bonventure, N.Y.,
  USA 1990 (zit.: ed. Wood).
Anselmus Cantuariensis
  Opera omnia, rec. F. S. Schmitt,
  Vol. I et II Edenburgi 1946
  (Vol. I Seccoviae 1938, Vol. II Romae 1940)
Aristoteles
  Opera Graece. Ex recensione
  J. Bekkeri, ed. Academia Regia

Borussica, Berolini 1831.
Analytica posteriora
De interpretatione (cit. Perihermeneias)
Topica
De anima
Metaphysica
Ethica Nicomachea

Augustinus
De Trinitate (PL 42) CCL 50 u. 50 A
De Genesi ad litteram (PL 34) CSEL 28,1
De doctrina christiana (PL 34)
In Johannem tractatus (PL 35) CCL 36
Confessiones (PL 32)
De diversis quaestionibus 83 (PL 40)
Enchiridion (PL 40)
De civitate dei (PL 41) CSEL 40.1 u. 2

Averroes
Aristotelis opera cum Averrois commentariis, ed. Venetiis apud Junctas 1562-74. Unveränderter Nachdruck
Frankfurt a. M. 1962
Vol. II Suppl. Aristotelis De anima libri tres cum Averrois Cordubensis in eosdem Commentariis et antiqua translatione suae integritati restituta.

Beda Venerabilis
In Princ. Gen. I (CChr 118 A)

Corpus Juris Canonici
ed. Aem. L. Friedberg
Lipsiae 1879-1881

Crathorn
Quästionen zum Ersten Sentenzenbuch.
Einführung und Text Fritz Hoffmann BGPhMA N.F. Bd 29.
Münster 1988. (Zit.: ed. H.)
Quaestiones de universalibus Magistrorum Crathorn O.P., Anonymi O.F.M., Joannis Canonici O.F.M.
Ad fidem manuscriptorum edidit Johannes Kraus.
In: Opuscula et Textus, ed. M. Grabmann et. Fr. Pelster SJ. Series Scolastica Fasc. XVIII. Münster 1936

Durandus de Sancto Porciano
Sentenzenkommentar
Venetiis 1571; reprinted 1964, Ridwood, New Jersey, U.S.A.

Empedokles
Fragm. 109 (Diels)
Glossa, ed. Venetiis 1782

Guillelmus de Ockham
Opera Philosophica et Theologica ad Fidem Codicum Manuscriptorum Edita Cura Instituti Franciscani Universitatis St. Bonaventurae.
Opera Philosophica (zit. O.P.) Vol. I: Summa Logicae, ed. Philotheus Boehner O.F.M., Gedeon Gál O.F.M., Stephanus Brown St. Bonaventure, N.Y. 1974
Vol. II: Expositio in Librum Perihermeneias Aristotelis, ed. Angelus Ganbateste et Stephanus Brown. St. Bonaventure, N.Y. 1978, 341-539.
Opera Theologica (zit. O. Th.) Vol. I-IV: Scriptum in Librum Primum Sententiarum, Ordinatio.

Vol. I: Prologus et Distinctio Prima, ed. Gedeon Gál O.F.M. adlab. Stephano Brown O.F.M. St. Bonaventure, N.Y. 1967.

Vol. II: Distinctiones II–III ed. Stephanus Brown O.F.M., adlab. Gedeon Gál O.F.M., St. Bonaventure, N.Y. 1970.

Vol. III: Distinctiones IV–XVIII, ed. Girardus I. Etzkorn. St. Bonaventure, N.Y. 1977.

Vol. IV: Distinctiones XIX–XLVIII, ed. Girardus I. Etzkorn et Franciscus E. Kelley, St. Bonaventure, N.Y. 1979.

Vol. V: Quaestiones in Librum Secundum Sententiarum. Reportatio, ed. Gedeon Gál O.F.M. et Rega Wood. St. Bonaventure, N.Y. 1980.

Vol. VI: Quaestiones in Librum Tertium Sententiarum. Reportatio, ed. Franciscus E. Kelley et Girardus I. Etzkorn. St. Bonaventure, N.Y. 1982.

Vol. VII: Quaestiones in Librum Quartum Sententiarum. Reportatio, ed. Rega Wood et Gedeon Gál O.F.M. adlab. Romualdo Green O.F.M. St. Bonaventure, N.Y. 1984.

Vol. VIII: Quaestiones variae, ed. Girardus I. Etzkorn, Franciscus E. Kelley, Josephus C. Wey, C.S.B., St. Bonaventure, N.Y. 1984.

Hieronymus
In Gal. Lect. (PL 26).

Hugo von St. Victor
Summa sententiarum (PL 176).

Isidor Hispaniensis
Liber Ethymologiorum (PL 82).

Johannes de Reading
In primum librum Sententiarum dist. 1, q.1, ed. in: G. Gál, Quaestio Joannis de Reading de necessitate specierum intelligibilium. Defensio doctrinae Scoti. FrS 29 (1969) 66–156.

Johannes Duns Scotus
Opera omnia ed. C. Balić.
Civitas Vaticana Bd. III 1954.

Kant, Immanuel
Grundlegung zur Metaphysik der Sitten. Ausgabe der Preußischen Akademie der Wissenschaften.
Berlin 1902.

Libra sex principiorum
Ed. A. Heysse. Opuscula et textus VII.
Ed. L. Minio Paluello. Aristoteles Latinus I,6–7.
Bruges – Paris 1966.

Logica Modernorum
Ed. L. M. De Rijk, A Contribution to the History of Early Terminist Logic. Vol. I: On the Twelfth Century Theories of Fallacy.
Assen 1962.

Peter Aureoli
Scriptum super Primum Sententiarum. Ed. Eligius M. Buytaert O.F.M. Franciscan Institut St. Bonaventure, N.Y.
Louvain – Paderborn 1952.

Petri Hispani Summulae logicales cum Versorii Parisiensis expositione. Venetiis 1572.

Petrus Hispanns, Summulae logicales, ed. Bocheński.

Petrus Lombardus
Libri IV Sententiarum
Ad Claras Aquas 1916.

Robert Holcot (Holkot)
Opus quaestionum ac determinationum super libros Sententiarum.

Sex articuli in libris Holkot recitati et per eum in scolis disputati per modum confe-
rentiae.
Lugduni 1497.
Roger Bacon
The Opus Maius of Roger Bacon, 3 Bde. ed. J. H. Bridges.
London 1900.
Thomas de Aquino
Scriptum super Librum Sententiarum Magistri Petri Lombardi. Ed. R. P. Mandonnet
O.P.
Parisiis 1929.
Summa Theologiae.
Quaestio disp. De malo.
Rom/Turin ⁹1953.
In Duodecim Libros Metaphysicorum Aristotelis Expositio.
Ed. Cathala/Spiazzi
Taurini/Romae 1950.
In Aristoteles Librum de Anima Commentarium.
Ed. 3, P. F. Angeli et Pirotta O.P.
Taurini/Romae 1948.
Walter Chatton
Reportatio et Lectura super Sententias: Collatio ad Librum Primum et Prologus, edi-
ted by Joseph C. Wey, CSB. Pontifical Institute of Mediaeval studies.
Toronto 1989.

LITERATURVERZEICHNIS
(Die hier herangezogenen Werke sind mit * versehen.)

Ashworth, E. J., The Tradition of Medieval Logic and Speculative Grammar from Anselm to the End of the Seventeenth Century. A. Bibliography from 1836 Onwards.
Subsidia Mediaevalia 9. Toronto (Canada) 1978.

*Auer, Johannes, Nominalismus. In: LThK VII. Freiburg i. Br. 1962, 1020–1023.

*Baur, Ludwig, Die Philosophie des Robert Grosseteste. BGPhMA Bd. 18. Münster
1917.

*Bernard, Johannes (Hg.), Methode in der Theologie (vgl. Lonergan). Leipzig 1991.

Beckmann, Jan P./Honnefelder, Ludger/Schrimpf, Gangolf und Wieland, Georg (Hg.),
Philosophie im Mittelalter. Entwicklungslinien und Paradigmen. Wolfgang Kluxen
zum 65. Geburtstag. Hamburg 1987.

*Boehner, Philotheus O.F.M./Gilson, Étienne, Christliche Philosophie. Paderborn
²1954.

Bos, E. P. and Krop, H. A. (Hg.), Ockham and Ockhamists. Acts of the Symposium by
the Dutch Society ... Medium Aevum. (Leiden 10.–12. Sept. 1986) Nijmegen
1987.

*Bridges, G. H., The Opus Maius of Roger Bacon. 3 Bd. London 1900.

*Carton, R., L'expérience mystique d'illumination intérieure chez Roger Bacon.

*– L'expérience physique chez Roger Bacon.

*– La synthèse doctrinal chez Roger Bacon. Paris 1924.

*Courtenay, William J., Adam Wodeham. An Introduction to his Life and Writings. Lei-
den 1978.

Courtenay, William J., Convenant and Causality in Medieval Thought. Studies in Philosophy, Theology and Economic Practice. Variorum Reprints. London 1984.

*De Rijk, L. M., Logica Modernorum. A Contribution to the History of Early Terminist Logic. Vol. I. On the Twelfth Century Theories of Fallacy. Assen 1962.

De Rijk, L. M., Die mittelalterlichen Traktate De modo opponendi et respondendi. Einleitung und Ausgabe der einschlägigen Texte. BGPhMA, N.F. Bd. 17. Münster (Westf.) 1980.

De Rijk, L. M., La Philosophie au Moyen Âge. Leiden 1985.

*Eco, Umberto, Der Name der Rose. München–Wien [16]1983.

*Gál, Gedeon, Quaestio Joannis de Reading de necessitate specierum intelligibilium. Defensio doctrinae Scoti. FrS 29 (1969) 66–156.

*Garcia, M. Fernandez, Lexicon Scholasticum Philosophico-Theologicum a Joanne Duns Scoto Doctore O.F.M. Quaracchi 1910.

Gerwing, Manfred u. Ruppert, Godehard (Hg.), Renovatio et Reformatio. Wider das Bild vom ‚finsteren‘ Mittelalter. Festschrift für Ludwig Hödl. Münster 1985.

*Geyer, Bernhard, Die patristische und scholastische Philosophie. In: Friedrich Überwegs Grundriß der Geschichte der Philosophie. Zweiter Teil. Berlin 1928.

*Gilson, Étienne, siehe: Boehner, Philotheus.

*Guelluy, Robert, Philosophie et Théologie chez Guillaume d'Ockham. Paris 1947.

*Haubst, Rudolf, Nikolaus von Kues in der Geschichte des Erkenntnisproblems. MFCG, Bd. 11. Mainz 1975.

*Hoffmann, Fritz, Die Schriften des Oxforder Kanzlers Johannes Lutterell. EThSt Bd. 6. Leipzig 1959.

*Hoffmann, Fritz, Der Satz als Zeichen der theologischen Aussage bei Holcot, Crathorn und Gregor von Rimini.
Misc. Mediaevalia. hg. von A. Zimmermann, Bd. 8. Berlin–New York 1971, 296–313.

*Hoffmann, Fritz, Crathorn, Quästionen zum ersten Sentenzenbuch. BGPhMA, N.F. Bd. 29. Münster 1988.

*Hoffmann, Fritz, Die theologische Methode des Oxforder Dominikanerlehrers Robert Holcot. BGPhMA, N.F. Bd. 5. Münster 1972.

Jakobi, Klaus, Die Modalbegriffe in den logischen Schriften des Wilhelm von Shyreswood und in anderen Kompendien des 12. und 13. Jahrhunderts. Studien und Texte zur Geistesgeschichte des Mittelalters. Hg. von Dr. Albert Zimmermann Band XIII. Leiden–Köln 1980.

*Klein, J., Nominalismus. In: RGG IV. Tübingen 1960. 1505–1508.

Knudsen, Christian, Chatton contra Ockham über Gegenstand und Einheit von Wissenschaft und Theologie. Cahiers de L'institut du Moyen Âge Grec et Latin 50. Copenhague 1985.

Koch, Josef, Artes liberales. Von der antiken Bildung zur Wissenschaft des Mittelalters. Studien und Texte zur Geistesgeschichte des Mittelalters. Hg. von Josef Koch Bd. V. Leiden–Köln 1976.

*Kraus, Johannes, Die Stellung des Oxforder Dominikanerlehrers Crathorn zu Thomas von Aquin. ZKTh 57 (1933) 66–88.

*Leff, Gordon, The Metamorphosis of Scholastic Discourse. Manchester 1975.

*Lonergan, Bernard, Method in Theology. London [2]1973.

*Lottin, Odin, Psychologie et Moral aux XIIe et XIIIe siècle. Tom. IV, 2. Louvain-Gembloux 1954.

*Maier, Anneliese, Ausgehendes Mittelalter. Bd. 2. Rom 1967.

*Maier, Anneliese, Zwei Grundprobleme der scholastischen Naturphilosophie. Rom [2]1951.

*Moody, E. A., The Mediaeval Contribution to Logic. StGen XIX (1966) 443–452.

*Pinborg, Jan, Logik und Semantik im Mittelalter. Stuttgart–Bad Cannstadt 1972.

Pluta, Olaf (Hg.), Die Philosophie im 14. und 15. Jahrhundert. In memoriam Konstanty Michalski (1879-1947). Bochumer Studien zur Philosophie. Bd. 10. Amsterdam 1988.

*Schepers, Heinrich, Holkot contra dicta Crathorn. PhJ 77 (1970) 320-357; 79 (1972) 106-136.

*Smalley, Beryl, English Friars and Antiquity in the Early Fourteenth Century. Oxford 1960.

Spade, Paul Vincent, Lies, Language and Logic in the Late Middle Ages. London 1988.

*Tachau, Katherine H., The problem of the ‚Species in medio‘ at Oxford in the Generation after Ockham. MS 44 (1982) 394-443.

Tachau, Katherine H., Vision and Certitude in the Age of Ockham. Opties, Epistemology and the Foundations of Semantics 1250-1345. Studien und Texte zur Geistesgeschichte des Mittelalters. Hg. von Dr. Albert Zimmermann, Bd. XXII Leiden–New York–Kobenhavn–Köln 1988.

Trinkaus, Charles with Oberman, Heiko A. (Ed.), The Pursuit of Holiness in Late Medieval an Renaissance Religion. Papers from the University of Michigan Conference. Studies in Medieval and Reformation Thought, ed. Heiko A. Oberman, Tübingen Volume X. Leiden 1974.

Wood, Rega, Adam de Wodeham: Tractatus de Indivisibilibus. A Critical Edition with Introduction, Translation and Textual Notes. In der Reihe: Texts and Studies in the History of Logik and Philosophy. Volume 31. (Franciscan Institute St. Bonaventure University, N.Y.). Dordrecht–Boston–London 1988.

PRAELIMINARIA

Die hier vorgelegte Publikation bildet den Abschluß meiner bisher vorgelegten Veröffentlichungen über Robert Holcot und Crathorn (vgl. Literaturverzeichnis). Daher wird in der ‚Einführung' (= Teil I) ständig auf Texte meiner beiden Hauptwerke hingewiesen, für Holcot: „Die theologische Methode des Oxforder Dominikanerlehrers Robert Holcot", für Crathorn: „Crathorn, Quästionen zum ersten Sentenzenbuch." Die Hinweise auf Holcot werden in der üblichen Zitationsweise in den Anmerkungen gebracht. Für die Crathorn-Zitate wird in Kursivschrift Seiten- und Zeilenzahl in eckigen Klammern hinter den zitierten Text oder den Hinweis gesetzt. Natürlich wird ständig auf Textstellen in den Conferentiae verwiesen, die hier in Teil II ediert werden. Für diese Hinweise wird Seiten- und Zeilenzahl in eckige Klammern hinter die Zitate gesetzt. Alles handschriftliche Quellenmaterial, auch das aus anderen Monographien entnommene, habe ich in das Literaturverzeichnis aufgenommen mit Ausnahme der Codices, denen die edierten Conferentiae entnommen sind. Diese werden am Anfang der Edition (Teil II) genannt. Für ihre kodikologische Beschreibung verweise ich auf H. Schepers: Holkot contra dicta Crathorn, sowie auf meine oben genannte Monographie über Robert Holcot.

In der Textedition sind Zusätze des Editors in spitze < > Klammern, Streichungen in eckige [ ] Klammern gesetzt. Textvarianten wurden im textkritischen Apparat entsprechend der Zeilenzahl vermerkt. Die zum edierten Text unterschiedliche Lesart wurde durch eine] Klammer getrennt dahinter gesetzt, der Codex durch ein Siglum angeben. Die Namen- und Sachregister für die Einführung und die Edition sind zusammen an das Ende von Teil II gesetzt.

Teil I

EINFÜHRUNG

Vorbemerkungen

An den Anfang dieser Arbeit setze ich eine persönliche Bemerkung. Die ‚Conferentiae' HOLCOTS haben mich jahrelang geistig begleitet. Im Laufe dieser Zeit stellte es sich immer mehr heraus, daß die Problematik, die sie in sich tragen, von vielfältiger Art ist. HOLCOT ist natürlich zuerst Theologe und sprach und schrieb als Theologe. Seine Theologie wurde aber, einem Zug seiner Zeit folgend, von erkenntnistheoretischen, sprachlogischen und methodologischen Argumenten beeinflußt. Als Universitätslehrer stand er in ständigem Austausch mit seinen Kollegen (Socii), so daß seine Schriften auch Zeugnisse für geistige Auseinandersetzungen in seiner Zeit bieten. Ab und zu glaube ich auch auf Spuren und Umrisse seiner ganz eigenen Existenz als theologischer Lehrer, als Seelsorger, als Glaubender gestoßen zu sein.

Habent libelli fata sua! Bevor wir in eine inhaltliche Erläuterung der Conferentiae HOLCOTS eintreten, muß wenigstens versucht werden, den literarhistorischen Befund zu klären. Stößt man von der Crathornforschung[1] her auf dieses Opusculum, dann steht die erkenntnistheoretische Problematik im Mittelpunkt. Darüber darf die theologische Thematik nicht übersehen werden. Tatsächlich vollzieht HOLCOT zweimal einen Wechsel von einem zum anderen. Dieser Wechsel betrifft aber nicht nur den Inhalt und den Adressaten, sondern auch die literargeschichtliche Einordnung. Artikel 1 und 3 behandeln Themen der Erkenntnistheorie, Artikel 2 und 4 sind theologischen Fragen gewidmet. Im ersten Fall haben wir eine Kontroverse von einem Magister zum anderen vor uns. Der Kontrahent ist CRATHORN. Im zweiten Fall ist eher an ein Zeugnis einer Universitätsdisputation zu denken, die sich in weiteren Kreisen abspielte und für die HOLCOT und sein Kontrahent (‚alius socius') die hervorragenden Häupter darstellen. Diese Disputation hat einen langen Vorlauf, was sich durch einen Vergleich der Aussagen in den Conferentiae mit Texten im Sentenzenkommentar feststellen läßt.[2] Die Quaestio 1 des dritten Sentenzenbuches gibt ein Zeugnis von den akademischen Scharmützeln, die sich die Senten-

---

[1] S. o. S. V.

[2] Sowohl in der Einführung wie in der Edition werden an den einschlägigen Stellen die Hinweise gegeben.

ziarier untereinander geliefert haben, mit Vorliebe über die Grenzen des eigenen Ordens hinaus. Daß HOLCOT hier nicht mit einem Ordensbruder disputiert, läßt sich auch aus einer Bemerkung in Artikel 3 der genannten Quaestio schlußfolgern.[3] Thema ist das Maß der Verpflichtung von Eid und Gelübde (iuramentum und votum). Der Socius greift die Bemerkung HOLCOTS an, daß der Meineid ein schwereres Vergehen sei als der Mord. Für seine gegenteilige These stützt er sich ‚specialiter‘ (‚besonders‘) gegen HOLCOT auf die Lehre des hl. Thomas, der die Verpflichtung aus dem Gelübde noch über diejenige aus dem Eid stellt.[4] THOMAS sieht damit im Bruch des Gelübdes ein schwereres Vergehen als im Meineid. HOLCOT kontert: Mit einer Wiederholung des ‚specialiter‘ weist er dem Socius ein wörtliches Zitat des HL. THO-MAS vor, das ihn (HOLCOT) rechtfertigt.[5] Die Form dieser ganzen Argumentation legt die Annahme nahe, daß es sich bei dem Gegner um einen Nicht-Dominikaner handelt. Er greift den Dominikaner HOLCOT mit einem Argument aus der Lehre des großen Meisters THOMAS an (erstes ‚specialiter‘). HOLCOT antwortet mit einem anderen Thomas-Zitat mit einem zweiten ‚specialiter‘, in dessen Hintergrund eine ironische Kritik an der Thomas-Kenntnis seines Socius steht.

Wie ich eingangs sagte, wechseln sich theologische und erkenntnistheoretische Argumentationsweise in den Conferentiae ab. Man wird noch einen Schritt weitergehen müssen: Die erkenntnistheoretische und methodologische Problematik erhält einen eigenen Raum. Erkenntnistheoretische und methodologische Argumente beherrschen aber auch in immer stärkerem Maße die Theologie. HOLCOT ist ein hervorragender Zeuge dafür.

Schon seit den Tagen des ARISTOTELES war für den Philosophen die Seinsfrage mit der Frage nach der Erkenntnis verbunden. Dafür zeugen seine Werke über Logik und Erkenntnistheorie wie Topik, Kategorien, Lehre vom Satz, die Analytiken, die seine philosophischen und physikalischen Werke begleiten oder diesen vorausgingen oder folgten. Im Ausgang des 13. und der ersten Hälfte des 14. Jahrhunderts gewinnt das Interesse am Erkenntnisvorgang, seinen Formen und Gesetzen immer mehr an Gewicht. Die Diskussion über ein ontologisches oder theologisches Thema ist eingewoben in ein feinmaschiges Netz

---

[3] Holcot, Sent. III, q.1, a.3 (I fol k VII vb 43–50. P fol. 77 ra 49–57. RBM fol. 78 ra 14–20): „Item periurium gravius est quam homicidium secundum Thomam. Et quia ipse dicit specialiter contra me ⌐in principio quaestionis⌐ (⌐in principali conclusione⌐ RBM; *om.* P), ideo specialiter verba sua adduco pro me in Quolibeto q.18, ubi dicitur quod periurium est gravius quam homicidium . . .“

[4] Thomas Aq. II II, q.89, a.8.

[5] Ders., Quaestiones quodlibetales, ed. Spiazzi (Marietti, Romae – Taurini 1949) q.9 a.2. pag. 16.

der Methodik. Erst wenn man die Fäden dieses Gewebes sorgfältig verfolgt und auseinandernimmt, öffnet sich der Zugang zur Sache. Daher kommt es, daß die Erschließung eines Autors oft verschlungene Pfade gehen muß, so daß es für den Leser schwierig werden kann, die Eigenart jenes Lehrers und die Substanz seiner Lehre zu erkennen. Doch der Leser von heute wird diese Verlegenheit mit dem Opponenten einer scholastischen Disputation teilen. Schon damals war es für die Teilnehmer einer Universitäts-Disputation nicht leicht, die eigene Opinio so darzulegen, daß die andere Seite nach den dafür festgelegten Regeln der Disputierkunst zur Annahme bewegt werden konnte. Darin bestand ja das Ziel einer Disputation. Nun stand im Hintergrund der methodischen Formalien immer eine Sachproblematik. Sie betrifft den Inhalt der Lehre. Nicht erst beim Lehrsystem, schon beim Vorlegen einer Lehrmeinung zu einem untergeordneten Fragepunkt in einer Disputation (opinio) gehen die Opponenten von je verschiedenen Grundvoraussetzungen aus, die gegeneinander ausgespielt werden mit dem Ziel, die Gegenseite zu überzeugen und zu der Annahme der vorgetragenen Opinio zu bewegen. Das erfordert nicht nur eine Geübtheit in der Kunst des Disputierens. Die entscheidende Aufgabe besteht darin, die eigenen Thesen der anderen Seite verständlich zu machen. An dieser Aufgabe scheitern oft die Disputationen, wenn sie nicht nur eine Übung in der Methode des Denkens, sondern eine Bemühung um eine tiefere Erkenntnis einer Sache und eine sachgerechtere Beurteilung zum Ziele haben. In den hier edierten Conferentiae oder Articuli wird dieses Problem offenbar. Zwar weist der Autor ROBERT HOLCOT bereits im ersten Artikel auf eine rein formale Absicht seiner Darlegungen hin, die er lediglich ‚gratia disputationis sine assertione‘ vorträgt [87,3]. Doch besteht die ganze Spannung der Diskussion mit seinem Opponenten CRATHORN gerade in der Sachproblematik, in der sich die beiden Magister nicht finden konnten.[6] Für den späteren Forscher bieten solche Streitigkeiten willkommenes Material, um in die Sachproblematik tiefer einzusteigen und sie philosophiegeschichtlich auszuloten.

Zum Titel der Conferentiae

Der Titel der hier vorgelegten Edition lautet wörtlich: Sex articuli *per modum conferentiae* disputati. Dieser Ausdruck ist in der Scholastik ungebräuchlich. Er findet sich nicht in den Handschriften, wohl aber in der Lyoner Inkunabel von 1497. In dieser Zeit beginnt man im französischen Raum den Begriff der ‚Conferentiae‘ wohl an Stelle der scho-

---

[6] Vgl. Heinrich Schepers, Holkot contra dicta Crathorn. I PhJ 77 (1970) 320–357; II 79 (1972) 106–136; 134–136.

lastischen ‚Disputationes‘ zu verwenden. Da heute die ‚Sex Articuli‘
unter diesem Ausdruck bekannt wurden, habe ich ihn als Überschrift
für dieses Opusculum benutzt und es kurzer Hand als ‚Conferentiae‘
hier und schon früher[7] bezeichnet.

Diese ‚Articuli‘ bieten uns ein interessantes Zeugnis für einen Streit der
Meinungen an einer mittelalterlichen Universität. Die Gegner, ROBERT
HOLCOT und der ‚alius socius‘ CRATHORN lehrten zur gleichen Zeit in
Oxford, zwischen 1330 und 1332. Leider kennen wir bis jetzt nur HOL-
COTS ‚Articuli‘, für die eine reiche handschriftliche Überlieferung vor-
liegt. Für CRATHORNS Lehre verweist HOLCOT auf dessen prima lectio
super bibliam [67,5], die bisher noch nicht aufgefunden wurde. Sie
wird inhaltlich nur durch Texte in CRATHORNS ‚Quaestiones‘ belegt,
besonders für die Erkenntnislehre und darin für die Rolle der Species
beim Erkennen. Diesen Themen sind Artikel 1 [67] und Artikel 3
[104] gewidmet. Für den umfangreichen Artikel 2 [82] finden sich
keine Belege in den ‚Quaestiones‘ CRATHORNS. Der letzte Artikel [108]
ist nicht mehr gegen CRATHORN gerichtet, wie HOLCOT ausdrücklich
bemerkt: „Istud dictum non placet cuidam alteri socio“ [110,1]. Gilt
dies auch für Artikel 2 ?

Der Streit der Meinungen wurde von den Magistern und Baccalauren
der mittelalterlichen Universität nicht nur in den regelmäßigen Disputationen ausgetragen, die zum Universitätsbetrieb gehörten, sondern
auch im Laufe der ordentlichen Vorlesungen, die in der Kommentierung der Sentenzen des PETRUS LOMBARDUS bestanden. Meistens
wurde dabei der Name des zeitgenössischen Magisters nicht genannt,
so daß es oft schwierig ist, den Opponenten zu identifizieren. Eine hervorragende Einführung in diese lebendige Gelehrtendisputation besit-
zen wir in dem Werk von COURTENAY über den Franziskanertheologen
ADAM WODEHAM.[8] Seine Ausführungen können uns hilfreiche Hinweise zur Identifikation des anderen Socius liefern, mit dem HOLCOT
in den Conferentiae streitet.

Unsere Aufmerksamkeit wird auf zwei Autoren gelenkt: ADAM WODE-
HAM und WALTER CHATTON. Beide waren zeitgenössische Kollegen
HOLCOTS und Franziskaner und damit willkommenes Ziel akademi-
scher Attacken über die Grenzen des eigenen Ordens. WODEHAMS
Wirksamkeit in Oxford erstreckte sich auf einen verhältnismäßig lan-
gen Zeitraum. Schließen wir die Studienzeit ein, so reicht sie vom An-

---

[7] So in: Die theologische Methode des Oxforder Dominikanerlehrers Robert Holcot.
BGPhMA, N.F. Band 5. Münster 1972, Kap. VIII: Beschreibung des literarischen Materials. Dgl. in: Crathorn, Quästionen zum ersten Sentenzenbuch. BGPhMA, N.F. Band
29, Münster 1988, S. 4 u. a.

[8] William J. Courtenay, Adam Wodeham. An Introduction to his Life and Writings.
Leiden 1978.

fang der zwanziger Jahre[9] bis etwa Mitte der dreißiger Jahre des 14. Jahrhunderts. Er stand im Mittelpunkt der wissenschaftlichen Kontroversen, die sich in den Jahren von 1328 bis 1335 an der Universität Oxford abspielten. COURTENAY nennt eine ganze Anzahlt von Beteiligten, darunter WALTER CHATTON, ROBERT HOLCOT und WILLIAM CRATHORN.[10] Zitate aus seinen Werken finden sich häufig in den Kommentaren der Genannten, eine Tatsache, die in der Geschichte der Philosophie und Theologie allzu sehr vernachlässigt wurde.[11]

Die größte Rolle in den Disputen und Zitationen, die WODEHAM den zeitgenössischen Socii widmete, spielte sein Ordensbruder WALTER CHATTON.[12] COURTENAY spricht von der schwierigen Aufgabe einer Biographie dieses Magisters.[13] Sicher ist, daß er bis 1332 in Oxford oder Cambridge wirkte. Er verließ England Anfang 1333, um sich nach Avignon zu begeben. Wen von diesen beiden HOLCOT zitierte, kann nur durch den Textbefund entschieden werden.

Die Zählung der Artikel

Auch die Zählung der Artikel ist problematisch. In den einzelnen Hss und in der Inkunabel ist sie unterschiedlich. In der Inkunabel steht zum Beginn des Artikel 4: „. . . coincidit cum tertio. Ideo dicendum sicut ad tertium." In ähnlicher Weise bringt die Inkunabel am Ende des 5. (4.) Artikels den Vermerk: „De sexto articulo patuit alibi." Diese Differenzen in Zählung und Überschrift der Artikel werden im Apparat der Edition nachgewiesen.

Die ersten drei Artikel enthalten Fragen der Erkenntnistheorie und der (theologischen) Anthropologie. Der vierte Artikel wendet sich einem theologischen Thema zu. Hinter der uns heute befremdenen Überschrift verbirgt sich ein schwieriges moraltheologisches Problem, das man aus heutiger Sicht nicht vermutet, aber von den Theologen der Scholastik öfter in diesem Zusammenhang angegangen wurde. Es handelt sich um die Frage, inwieweit und unter welchen Umständen ein irriges Gewissen verpflichtet oder doch wenigstens entschuldigt. Diese Frage steht auch dort im Hintergrund, wo von den Theologen die Bedeutung der Absicht und der Umstände (intentio, circumstantiae) für die moralische Beurteilung einer Handlung erörtert werden. Ich erin-

---

[9] Vgl. ebd. 66, Anm. 96. Schon für 1321 ist ein Disput Chattons mit Wodeham belegt. Vgl. auch Rega Wood, Adam de Wodeham: Tractatus De Indivisibilibus. Dodrecht/ Boston/London 1988, 3: „Adam of Wodeham was . . . also a student of Walther Chatton."
[10] Courtenay, aO 1f.
[11] Ebd.
[12] Ebd. 66.
[13] Ebd. 67.

nere dabei an das Werk von O. LOTTIN über die Psychologie und Moral im 12. und 13. Jahrhundert.[14]

Zur Datierung der Conferentiae

H. SCHEPERS hat bereits vor 20 Jahren eine Untersuchung über den Streit zwischen HOLCOT und CRATHORN veröffentlicht, aus der eben zitiert wurde.[15] Im ersten Teil wird eine exakte Beschreibung des handschriftlichen Materials aus der Feder CRATHORNS und HOLCOTS geboten. Was die Datierung der ,Conferentiae' betrifft, stützt sich SCHEPERS auf inhaltliche Kriterien sowohl dieser Schrift wie der Quästionen CRATHORNS, die zu einem gesicherten Ergebnis führen. Ich entnehme diesen Untersuchungen die wichtigsten Anhaltspunkte für eine zusammengefaßte Orientierung und empfehle für weitere Studien die beiden Artikel von SCHEPERS, in denen wir auch mit der vorangegangenen jahrelangen Diskussion über die Datierung vertraut gemacht werden.

Zwei entscheidende inhaltliche Kriterien finden wir in den Codices. HOLCOT zitiert in den Conferentiae eine Conclusio seines Socius, die dieser schon durch einen Zeitraum von zwei Jahren vertrete.[16] Hier handelt es sich um jene eigenartige Darstellung des Erkenntnisprozesses, besonders auch der Rolle der Species, die sich ausführlich in den Quaestiones CRATHORNS belegen läßt.[17] Auf einen anderen Beleg stoßen wir gleich am Anfang der Conferentiae, wo HOLCOT als Quelle des strittigen Artikels CRATHORNS ,Prima lectio super bibliam' nennt.[18] Diesmal geht es um den Gegenstand der Aussage, der nach CRATHORN das Significatum propositionis ist.[19] Wir haben für diese Lehre auch Belege in den Quaestiones, allerdings spärlicher als für die zuerst genannte Conclusio.

Ein drittes inhaltliches Kriterium, in seiner Bedeutung für die Datierung wohl das wichtigste, liefert der Hinweis auf ein Naturereignis, das sich ganz genau datieren läßt. In den Quaestiones wird an eine Sonnenfinsternis erinnert, die „viele in diesem Jahre an den 17. Kalenden des Monat August, an der Vigil des seligen Alexius, erlebt haben".[20] Nach dem heutigen Kalender umgerechnet war dies der 16.

---

[14] Vgl. D. Odin Lottin, Psychologie et Moral aux XIIᵉ et XIIIᵉ siècle. Tom. IV, 2. Louvain/Gembloux 1954, 487–517.

[15] Vgl. Anm. 6.

[16] Conferentiae, [105,7]: „. . . conclusio, quam iste iam per biennium nisus est probare . . ."

[17] Vgl. u. S. 17–23; dort auch die Belegstellen in den Quästionen Crathorns.

[18] Conferentiae, [67,5].

[19] Vgl. u. S. 11ff.

[20] Crathorn, Quästionen 100; H. Schepers, I, 321. Beachte dort auch die Anmerkungen 24 u. 25.

Juli 1330, an dem sich eine totale Sonnenfinsternis über ganz Europa von Island bis Byzanz ereignete.

Ferner ist zu bedenken, daß die in den Conferentiae umstrittenen Artikel und Themen sowie der von HOLCOT bekämpfte Autor bereits in HOLCOTS Sentenzenkommentar[21] und in einem Quodlibet eine Rolle spielen.[22] Der Streit zwischen HOLCOT und CRATHORN zog sich demnach durch die ganze Zeit hindurch, in der beide Autoren gleichzeitig als Bakkalare in Oxford die Sentenzen des PETRUS LOMBARDUS kommentierten. Die ‚Lectio prima biblica‘, wohl als eine einzige von CRATHORN vorgetragen, brachte seinen Gegensatz zu HOLCOT mit aller Deutlichkeit und Schärfe zum Ausdruck. Die ‚Conferentiae‘ als Antwort HOLCOTS bildeten den Abschluß des Streites. Da der Beginn der Sentenzenvorlesung CRATHORNS auf Grund der Notiz über die Sonnenfinsternis in das Jahr 1330 zu datieren ist, gelangen wir zur Datierung der ‚Conferentiae‘ in das Jahr 1332. Die Vorlesungen über die Sentenzen dauerten nach der Universitätsordnung zwei Jahre. Die ‚Lectio prima super Bibliam‘ schloß sich bald daran an, und dieser folgte alsbald HOLCOTS Antwort in den ‚Conferentiae‘. Für weitere Zusammenhänge, auch bezüglich der ‚Socii‘ HOLCOTS, verweise ich auf die zitierten Untersuchungen von H. SCHEPERS.

A Erkenntnistheoretische Themen

HOLCOTS Theologie ist mit aussagelogischen und erkenntnistheoretischen Argumenten so durchsetzt, daß diese förmlich zu seiner theologischen Methode gehören. Dies habe ich im Titel meiner ersten Monographie signalisieren wollen.[23] Wir stellen hier zunächst die theologischen Fragen zurück und wenden uns der erkenntnistheoretischen Diskussion in den ersten drei Artikeln zu, weil sich in ihnen hauptsächlich die Kontroverse HOLCOT-CRATHORN abspielt. In ihrem Mittelpunkt steht die Lehre über die Rolle und Bedeutung der Species. In einem späteren Abschnitt soll dann die genannte theologische Problematik angesprochen werden.

Der Vergleich der beiden Magister wird uns als Ausgangsbasis dienen, um einen Einblick in die Entwicklung der Erkenntnistheorie, besonders der Species-Lehre zum Beginn der Spätscholastik zu gewinnen. Zwar ist die Ausgangsposition sehr schmal, doch durch den Rückgriff auf die Quellen läßt sich das Problemfeld erheblich erweitern und man-

---

[21] S. u. S. 48f.
[22] Vgl. H. Schepers I, 352.
[23] Vgl. Anm. 7.

cher Einblick in hintergründige Motive der verschiedenen und neuen
Positionen gewinnen.

Im dritten Jahrzehnt des 14. Jahrhunderts finden wir – besonders an
der Universität Oxford – eine ganze Gruppe von Magistern, die zwar
auf die Lehren WILHELM VON OCKHAM zurückgreifen, jedoch nicht
eine Ockham-Schule gebildet haben.[24] Mit dem Venerabilis Inceptor
verbanden sie eine Reihe formaler Grundsätze: eine stärker an der unmittelbaren Erfahrung geprägte Erkenntnis der Welt; eine gnoseologische Zurückhaltung in der Frage der Gotteserkenntnis; ein neuer Wis-
senschaftsbegriff, der das Wissen auf den logisch richtig formulierten
Satz bezog. Doch OCKHAMS Leugnung der Species als vermittelnde
Glieder im Erkenntnisvorgang trennte sie von ihm. Bald nach OCKHAM
kam es auf breiter Front zu einer Rückkehr zur Species-Lehre, wobei
jede der vorgetragenen Opiniones ihr eigenes Gepräge hatte. Der zitierte Artikel von K. TACHAU gibt uns einen vortrefflichen Einblick in
die weitere Entwicklung der Species-Lehre in dem Jahrzehnt nach
OCKHAM, wobei uns eine grundlegende Information sowohl von den
Quellenbelegen her wie durch die Fachliteratur geboten wird. Dadurch erhalten wir nicht nur eine Darstellung der Sachlage, sondern
werden zugleich der vielschichtigen Problematik gegenübergestellt:
Den Fragen nach dem Ursprung der Species, nach dem Verhältnis von
materiellen (sinnenhaften) und geistigen Species, nach ihrer Rolle im
Erkenntnisprozeß u. ä. Im Hintergrund regt sich die Frage nach der
geschichtlichen Herkunft des Begriffes, für die wir gleich im Anfang
auf einen neuplatonisch interpretierten ARISTOTELES verwiesen werden.[25] Mit aller Zurückhaltung und Vorsicht vor Verallgemeinerungen
möchte ich folgendes zu bedenken geben: Unser neuzeitliches Denken,
das in Tuchfühlung zu einem durchaus legitimen naturwissenschaftlichen Empirismus steht, wird leicht geneigt sein, in einem zum geistigen Erkennen hin vermittelnden Species-Begriff neuplatonische Ein-
flüsse zu argwöhnen. Wir möchten hier davon ausgehen, daß der Species-Begriff des HL. THOMAS an den des ARISTOTELES sich anschließt.
Am Beispiel CRATHORNS läßt sich zeigen, daß der Wandel im Verständnis der Species entscheidend durch Motive aus der Kategorienlehre
verursacht wurde, vor allem durch die Kritik am aristotelischen Substanzbegriff. Daher möchten wir vom aristotelischen Species-Begriff
ausgehen, den THOMAS VON AQUIN wörtlich übernommen hat. Die

---

[24] Vgl. Katherine H. Tachau, The Problem of the ‚Species in medio' at Oxford in the
Generation after Ockham. In: MS 44 (1982) 394–443; 443.

[25] Vgl. Tachau aO 394 Anm. 2; auch G. Leff, The Metamorphosis of Scholastic Discourse. Manchester 1975, 4, bemerkt: „(He) lauds Ockham's accont of cognition be-
cause it «entailed the virtual rejection of the medieval neoplatonized conception of
Aristotle»."

Grundlage für diesen Species-Begriff bietet der Satz des ARISTOTELES: „Das verwirklichte Wissen ist dasselbe wie sein Gegenstand."[26] Der Gegenstand selbst ist also in dem erkennenden Intellekt. Da er dies jedoch nicht in seiner natürlichen Existenz sein kann – weder von Seiten des Intellekts, der materiell Seiendes nicht in sich aufnehmen kann, noch von Seiten des (materiellen) Gegenstandes, der sich dann verdoppeln müßte – kann er nur in seiner ‚Gestalt' oder ‚Form' vom erkennenden Intellekt aufgenommen werden.[27] Schon ARISTOTELES wies die naive Lösung des EMPEDOKLES zurück, erkennendes und wahrnehmendes Subjekt müssen von der gleichen Natur sein wie der erkannte Gegenstand. Nicht der Stein ist im erkennenden Intellekt, sondern seine Species.

Von der durch ARISTOTELES geschaffenen und von THOMAS AQ. aufgenommenen Grundlage eröffnet sich uns das Verständnis für die Entwicklung der Erkenntnislehre in der ersten Hälfte des 14. Jahrhunderts. WILHELM VON OCKHAM beginnt die Reihe einer Generation von kritischen Gelehrten, die nun jene Fragen diskutierten, die in ihren Augen die aristotelisch-thomasische Erkenntnistheorie offengelassen hatte. Die klassischen Themen der Logik und der Metaphysik werden erneut aktuell: Die Unterscheidung von geistigem und materiellem Sein; das Verhältnis von sinnenhafter Wahrnehmung und intellektiver Erkenntnis sowie der ganze Erkenntnisvorgang überhaupt; die Natur der Species; die Natur der extramentalen Sache; die Eigenart wissenschaftlichen Erkennens; intuitive und abstrakte Erkenntnis. Diese Aufzählung, in der Themen der Ontologie und der Logik aneinandergereiht werden, deutet auf die enge Verbindung von Logik und Seinslehre in der Scholastik hin. Mittelalterliche Logik war nie ein Spiel mit Begriffen, wenn auch die komplizierten logischen Argumentationsreihen, die manche Autoren des Spätmittelalters aufbauen, diesen Eindruck hervorrufen.[28] Das Hauptgewicht der mittelalterlichen Logik liegt auf der Semantik, d. h. auf der Frage nach dem Wirklichkeitsbezug der Erkenntnisinhalte. In der Begriffsbildung geht es um das Verhältnis des Begriffes zur bezeichneten Sache, im Satz um dessen Bezug zum Inhalt, zu dem mit ihm Bezeichneten.[29] Hier hatte die Logik des

---

[26] Vgl. Aristoteles, De anima III c.7 (431a 1); Thomas Aq., i.h.l. lect. 9 n.764.

[27] Vgl. Aristoteles, aO I c.2 (404b 13f); Thomas Aq. i.h.l. lect. 4 n.45. Empedokles, Fragm. 139.

[28] Belege dafür finden sich ausreichend in meiner Untersuchung: Die theologische Methode . . . Darüber darf man nicht Holcots Streben nach richtiger, d. h. wirklichkeitsorientierter Ausdrucksweise übersehen, eine Tendenz, die sich durch alle seine Werke hindurchzieht. Ein Beispiel dafür bietet seine Unterscheidung zwischen eigentlicher und uneigentlicher Redeweise – vgl. aO. Sachregister unter: ‚proprie – improprie'.

[29] Vgl. Jan Pinborg, Logik und Semantik im Mittelalter. Stuttgart – Bad Cannstadt 1972, 38.

ARISTOTELES tatsächlich Fragen offen gelassen,[30] die von den Theologen des Mittelalters schon aus dem Motiv ihrer Aufgabe aufgegriffen werden mußten, die darin bestand, Texte zu analysieren.

1. Gesprochene (geschriebene) und mentale Sätze

Wir wollen hier mit der Analyse der Articuli beginnen. Der erste Artikel führt uns mitten in die Erkenntnisdiskussion hinein. Die Frage nach dem Gegenstand des Wissens wird von HOLCOT im Sinne WILHELM OCKHAMS beantwortet: Der Satz ist Gegenstand des Wissens und des Glaubens.[31] Sein Gegner aber lehre, daß nicht der Satz, sondern die mit ihm bezeichnete äußere Sache gewußt oder geglaubt werde. Um die Kontroverse HOLCOT-CRATHORN zu verstehen, müssen wir uns hier in etwas ausführlicherer Weise CRATHORNS Argumenten zuwenden. Durch eine kleine Verschiebung im Wortlaut gibt HOLCOT der Aussage CRATHORNS einen anderen Sinn. Das Significatum ist für HOLCOT das Ding der extramentalen Welt, was deutlich aus einer Redewendung im ersten Artikel der Conferentiae hervorgeht [80,8–18]. Dort unterscheidet HOLCOT zwischen dem intellektiven Wissen, das sich auf Sätze bezieht und aus diesen gebildet wird, und der sinnenhaften Erkenntnis der extramentalen Einzeldinge, die das Significatum

---

[30] Vgl. Pinborg, aO 11: „Das Hauptgewicht liegt auf der Semantik im weitesten Sinne des Wortes, oder wie es Ernest A. Moody ... formuliert hat: im Versuch der mittelalterlichen Logiker, die semantischen Voraussetzungen der aristotelischen Logik zu analysieren." Vgl. E. A. Moody: The Mediaeval Contribution to Logik. Studium Generale XIX (1966) 443–452.

[31] Vgl. Holcot, London Royal British Museum 10 C VI fol. 129 va, lin. 37–49 <Sent. IV q.10>; Oxford, Oriel College 15 fol. 206 ra, lin. 24–31 <Prologus>: „Per obiectum actus credendi non intelligo aliud nisi illud, quod denominatur creditum, et per obiectum actus sciendi illud, quod denominatur scitum. Et quia nulla res extra [excepto deo] proprie dicitur scita – non enim scio lapidem sed lapidem esse gravem ita quod ‚lapis est gravis' est scitum a me, ita quod nec hoc verbum ‚scitum' nec aliquod tale participium, sicut est ‚scitum' vel ‚creditum', praedicatur de aliquo incomplexo sed tantum de complexo, quod complexum vario modo formatur – et ideo tenetur quod solum complexum est obiectum actus credendi." Vgl. Die theologische Methode . . . 216, Anm. 22. Guillelmus de Ockham, Sent. I d.2. q.4 (OT, II, 134, lin. 3–9): „Ad secundum argumentum principale dico quod scientia realis non est semper de rebus tamquam de illis, quae immediate sciuntur, sed de aliis pro rebus tantum supponentibus. Ad cuius intellectum et propter multa prius dicta et dicenda, propter aliquos inexercitatos in logica, est sciendum quod scientia quaelibet sive sit realis sive rationalis est tantum de propositionibus tanquam de illis quae sciuntur, quia solae propositiones sciuntur." AO d.27. q.3 (ed. cit. IV, 254 lin. 16–256 lin. 9): „Ad secundum in contrarium dicendum est . . . quod scientiam esse de aliquibus est dupliciter: vel quia illa sunt partes propositionis scitae, vel quia sunt illa pro quibus partes conclusionis supponunt. Primo modo scientia non est de rebus extra . . . Sed secundo modo scientia est de rebus extra, quia subiectum et praedicatum propositionis, quamvis non sint una res, tamen supponunt pro eadem re. Et isto modo scientia est de rebus extra, hoc est, termini propositionis scitae supponunt pro rebus extra.

der Begriffe und Sätze sind. HOLCOTS Unterscheidung zwischen Satzwissen und sinnenhafter Erkenntnis zeigt den Unterschied zwischen ihm und CRATHORN im Gebrauch des Ausdrucks ‚Significatum‘. Das ‚Significatum propositionis‘ ist für CRATHORN jedoch nicht die extramentale Sache, sondern der Bedeutungsgehalt des Satzes, der durch die Verbindung von Subjekt, Prädikat und Kopula entsteht [70,13–72,14].[32] Vor längerer Zeit schon habe ich auf einen antiken Vorgänger dieser Theorie hingewiesen.[33] In der Logik der Stoa wurde im Blick auf das Erkennen und sein Objekt eine Dreiteilung vorgenommen. Die Stoiker unterschieden drei Bereiche: das Bedeutende (σημαῖον), das Bedeutete (σημαιόμενον) und das Ding (τύγχανον).[34] Was der Satz wirklich sagen will, liegt in der Mitte zwischen der logisch formulierten Aussage und dem extramentalen einzelnen Ding. Die wirklich bedeutete Sache, das Lekton, ist jenes, „was man meint, wenn man sinnvoll spricht". Dies kann wahr oder falsch sein. „Es ist kein Gedankending, kein ‚conceptus subiectivus‘, in scholastischer Terminologie. Es ist, um mit FREGE zu sprechen, der Sinn des Ausdrukkes ..."[35] Da die CRATHORN-Texte keinen Hinweis auf eine von der Stoa empfangene Anregung geben, ist diese Lehre als Eigenlehre CRATHORNS und eine Sublimierung der nach-ockhamischen Erkenntnislehre einzustufen. Damit war CRATHORN seiner Zeit voraus.[36] Die Kritik seines Socius ROBERT HOLCOT wurde ihm in dieser Hinsicht nicht gerecht.

Doch es gibt noch einen anderen Erklärungsgrund, der sich von der Analyse der Texte her anbietet. Wir gehen aus von der Einteilung der Sätze in gesprochene, geschriebene und gedachte [153].[37] CRATHORNS Neuerung setzt bei der gegenseitigen Zuordnung dieser drei Gruppen ein. Gesprochene und geschriebene Sätze sind ‚äußere Sätze‘ im Unterschied zu den gedachten Sätzen, den ‚inneren Sätzen‘ [154]. Diese ‚inneren Sätze‘ sind jedoch die natürlichen ‚Bilder‘ und ‚Worte‘ der äußeren Sätze. Die äußeren Sätze sind ihrer Art nach verschieden, je nachdem sie gesprochen oder geschrieben sind. Darum sind auch die mentalen Sätze der Art nach verschieden, je nachdem sie natürliche Zeichen der geschriebenen oder gesprochenen Sätze sind [156].

Hier müssen wir einen Augenblick innehalten. Für CRATHORN entsteht jegliche Erkenntnis aus der sinnenhaften Erfahrung. Damit scheint er

[32] Vgl. Crathorn, Quästionen, S. 27; 37; 269–274; 284f.
[33] Vgl. F. Hoffmann, Der Satz als Zeichen der theologischen Aussage bei Holcot, Crathorn und Gregor von Rimini. In: Miscellanea mediaevalia, hg. von Albert Zimmermann, Bd. 8. Berlin/New York 1971, 296–313.
[34] AO 305.
[35] Vgl. J. M. Bocheński, Formale Logik. Freiburg/München 1956, 126f.
[36] Vgl. H. Schepers, II, 135f.
[37] Vgl. Die theologische Methode ... 237ff, 242, 244ff.

in der aristotelisch-thomistischen Tradition zu stehen.[38] Vergleichen
wir jedoch die Darstellung des Wahrnehmungsprozesses in der Metaphysik des ARISTOTELES und den Kommentar des HL. THOMAS mit derjenigen CRATHORNS, so ergibt sich ein ganz anderes Bild. In der aristo-
telisch-thomasischen Erkenntnistheorie gibt es einen stufenweisen und
fast nahtlosen Übergang von der sinnenhaften Wahrnehmung über
die sinnenhafte Memoria, die Phantasie, die Abstraktion zum begriffli-
chen Denken und Urteilen. (Bei OCKHAM hingegen vermag der Intellekt das materielle Objekt unmittelbar zu erkennen. THOMAS fügt das
sinnenhafte Wahrnehmen in das Ganze des Erkenntnisprozesses ein).
Schon das sinnenhafte Wahrnehmen, vor allem das Sehen, wird von
den Menschen aus dem Verlangen nach Erkenntnis betätigt.[39] Über
das Gedächtnis und die Erfahrung gelangt der Mensch zur Einsicht in
die gleichbleibenden Gesetze des natürlichen Geschehens. So hoch
ARISTOTELES auch die Erfahrung für das Handeln im Einzelfall schätzt,
als Wissender gilt nur, wer aus der vielfältigen Erfahrung der Einzel-
fälle das allgemeine Gesetz aufzustellen vermag.[40] So kann man sagen,
daß hier die sinnenhafte Wahrnehmung von der Existenz des Menschen als eines geistig erkennenden Wesens her gesehen wird. THO-
MAS krönt in der einschlägigen Quaestio der theologischen Summe
diese Theorie mit dem AUGUSTINUS-Wort: „Nicht der Körper nimmt
wahr, sondern die Seele durch den Körper. Sie gebraucht ihn wie einen Boten, um in sich selbst zu entwerfen, was von außen gemeldet
wird."[41]
Wie steht es bei CRATHORN? Eine erste Antwort erhalten wir aus der
Analyse der Quaestio II: Utrum omne cognitum a viatore sit res singularis [152]. An den Anfang der Quaestio stellt CRATHORN drei distinctiones, von denen sich die erste den drei verschiedenen Arten der propositio zuwendet [153]. Durch die ganze Quaestio zieht sich das Interesse an der gnoseologischen Rolle der propositio hindurch. Wissen ist
für CRATHORN Satz-Wissen. Es wird nicht nur in Sätzen formuliert, sondern aus Sätzen gewonnen. So beginnt der Hauptteil der Quaestio
(conclusiones) mit einer genauen Analyse der propositiones [154f].
CRATHORN unterscheidet in herkömmlicher Weise gesprochene, ge-

---

[38] Vgl. Aristoteles, Met. I c.1 (980a28–981a2); Thomas Aq. i.h.l. lect. 1 n.10–17.

[39] Vgl. Thomas Aq. i.h.l. lect. 1, textus Aristotelis n.1: „Omnes homines natura scire
desiderant. Signum autem est sensuum dilectio. Praeter enim utilitatem, propter seip-
sos diliguntur, et maxime aliorum, qui est per oculos … Causa autem est, quod hic
maxime sensuum nos cognoscere facit, et multas differentias demonstrat."

[40] Vgl. aO n.6–8.

[41] Vgl. Thomas Aq., S. th. I q.84 a.6: „Et hanc opinionem tangere videtur Augustinus,
XII super Gen. ad litt. (c.24, PL 34, 475), ubi dicit quod «corpus non sentit, sed anima
per corpus, quo velut nuntio utitur ad formandum in seipsa quod extrinsecus nunti-
atur»."

schriebene und gedachte Sätze. Bevor wir hier seinen Ausführungen folgen, müssen wir auf die erste distinctio [*153*] zurückblicken. Dort wurde exakt dargestellt, daß geschriebene Sätze in den Bereich des Visuellen, gesprochene Sätze in den des Hörens und des Klanges gehören. Einige Abschnitte später wird ausdrücklich betont, daß beide Satzarten spezifisch verschieden sind [*156,29f*]: „Sed propositio prolata et propositio scripta differunt specie, cum una sit color, alia sonus." An welcher Stelle steht nun die propositio mentalis? Daß es eine solche gibt, beweist die Erfahrung unserer Phantasie und unserer Träume, übrigens ein der sinnenhaften Erfahrung entnommes Argument. Dabei ist zu beachten, daß mentale Sätze von CRATHORN als natürliche Zeichen der geschriebenen oder gehörten Sätze angesehen werden. Er veranschaulicht dies in einem Vergleich mit der Wahrnehmung von einzelnen Dingen. Wie jemand die weiße Farbe, die er vorher gesehen hat und die danach verschwunden ist, sich vorstellen kann, so geht es ihm auch mit dem Wort: ‚das Weiße‘, das er vorher in einer ihm verständlichen Sprache gehört hat. Doch das Weiße sich vorzustellen (oder darüber zu denken) bedeutet, daß der Geist das natürliche Wort der weißen Farbe intuitiv erkennt. Im nächsten Satz verdeutlicht CRATHORN, was er damit meint: Er denkt hier nicht an ein Ähnlichkeitsbild der Sache, sondern des Namens. (Ob er auch eine Species, ein Verbum der Sache selbst kennt, darauf soll später zurückgekommen werden.) Das Ähnlichkeitsbild bezieht sich also auf den Namen ‚albedo‘. In derselben Weise hat jener, der über einen Satz nachdenkt, in sich ein Bild dieses Satzes [*155,14–28*]. Dasselbe gilt von der Erfahrung des Traumes und des Schlafes [*155,25–28*]. Nun kann man von solchen gehörten und gelesenen Sätzen ähnliche Sätze in sich hervorrufen. Dies beweist, daß die früher gehörten oder gelesenen Sätze dem Wahrnehmenden etwas einprägen. Solche im Hörenden oder Sehenden verbleibenden Qualitäten nennt CRATHORN ‚mentale und innere Sätze‘ [*155,29–156,3*]. Da die geschriebenen und gesprochenen Sätze aber der Art nach voneinander verschieden sind, so sind dies auch die ihnen entsprechenden natürlichen Qualitäten, die mentalen und inneren Sätze. Diese spezifische Unterscheidung dehnt CRATHORN bei den geschriebenen Sätzen sogar auf die Verschiedenheit der Farbe in der Schrift aus [*156,13–39*].

Damit stellt uns CRATHORN einen perfekten Sensualismus in der Erkenntnistheorie vor. Der klassische Grundsatz: Omnis cognitio incipit a sensu, wird hier auf das Satzwissen angewandt. Dies zeigt sich in seiner Darstellung der Wahrnehmung geschriebener oder gesprochener Sätze, die er physiologisch genau beschreibt, angefangen beim Sinnesorgan über die Nervenbahnen bis zu den Gehirnzellen. Der gesprochene Satz wird der Gehirnzelle eingeprägt. Doch bedarf es dazu vermittelnder Zwischenglieder, da CRATHORN mit ARISTOTELES ein Einwirken per distans ablehnt. Aus diesem Motiv nimmt er zahlreiche innere Sätze an, die von derselben Art wie der zuerst gesprochene Satz sind und dadurch dessen Ähnlichkeit eins nach dem anderen bis zu dem letzten mentalen Satz weiterreichen, der schließlich der Gedächtniszelle eingeprägt wird und diese dabei wirklich verändert [*157,9f*]. Vor dieser liegen noch zwei Gehirnzellen, die von der Reihe der inneren Sätze durchlaufen werden: Phantasie (cellula fantastica) und die ‚mittlere Zelle‘, die ‚cellula syllogistica‘ genannt wird. Zur Bestätigung dieses physiologischen Prozesses verweist CRATHORN auf Erfahrungen der Medizin, die beweisen, wie Fehler und Ausfälle im Erkennen und im Gedächtnis von Verletzungen der Nerven und des Gehirns herrühren [*157–158,22*]. Die von CRATHORN erforderte Reihe von propositiones mentales als Vermittlung zwischen dem äußeren Satz und der Gedächtniszelle entspricht der multiplicatio specierum, der wir bei den nachockhamischen Magistern wiederholt begegnen.[42] An dieser Stelle gebraucht CRATHORN allerdings noch nicht den Begriff species für die propositio mentalis, die zuletzt der Gedächtniszelle eingeprägt wird. Hier aber müssen wir beachten, daß die inneren (mentalen) Sätze als natürliche Bilder der gesprochenen und geschriebenen Sätze in den sinnenhaften Bereich gehören. So stellt sich die Frage nach dem Übergang, nach der Nahtstelle zwischen der sinnenhaften und der geistigen Erkenntnis. An einer Stelle, wo wir es nicht erwarten, finden wir das Gesuchte, nämlich in der Quaestio VII: Utrum omnis creatura rationalis sit imago trinitatis.

Dort stoßen wir in einem umfangreichen Abschnitt auf die notitia genita und ihr Verhältnis zur species memorialis [*339,22–342,4*]. Darauf folgt ein kürzeres Stück über die volitio spirata [*342,5–23*]. Welche Rolle teilt nun CRATHORN der notitia genita im Erkenntnisprozeß zu und was versteht er unter ihr? CRATHORN unterscheidet die sinnenhafte Erinnerung von der geistigen, die er wie OCKHAM und HOLCOT mit dem Erkenntnisvermögen und mit der Seele selbst gleichsetzt. Auf diese beiden spezifisch verschiedenen Arten von Erinnerung wird das Wort ‚Erinnerung‘ in äquivoker Weise angewandt. Die sinnenhafte Erinnerung setzt CRATHORN mit der Gedächtniszelle (cellula memoralis) im Gehirn gleich [*341,21–342,4*]. In dieser rückliegenden Zelle des Gehirns werden die Bilder (species) der sinnenhaften Dinge aufbewahrt. Die notitia genita ist das unmittelbar von der Seele Erkannte; sie ist von der im Gedächtnis bewahrten species real verschieden. Sie wird von der species, die in der Gedächtniszelle aufbewahrt wird, hervorgebracht. Diese erzeugt zusammen mit der species in memoria den amor

---

[42] Vgl. Tachau (s. o. Anm. 24), S. 396f, auch Anm. 6 u. 7.

spiratus (oder volutio spirata), mit der sich die erkennende Seele dem Erkenntnisobjekt liebend zuwendet [*342,6–23*]. Diese drei bilden eine Einheit und sind so ein Abbild der Trinität. Das Erkennen und Lieben der Geistseele richtet sich hier nicht auf Gegenstände der Außenwelt, sondern auf innere Erfahrungen, die allerdings durch die in der sinnenhaften memoria aufbewahrten species verursacht werden.

Nun stellt sich die Frage: Was bilden diese species ab? CRATHORN sagt ausdrücklich und wiederholt: Es sind die gesprochenen und geschriebenen Sätze [*154,32–157,26*]. Sie gelangen über den Gesichtssinn oder den Gehörssinn in das sinnenhafte Gedächtnis. Dort erst werden die mentalen Sätze gebildet als deren natürliche Abbilder. ‚Notitia genita‘ und ‚verbum‘ werden synonym gebraucht [*341,13*]. Unser Wissen ist Satzwissen, und alle Wissenschaft hat es mit Sätzen zu tun. Ausdrücklich wird ein verbum mentale als natürliches Abbild oder als Zeichen einer natürlichen Sache abgelehnt [*159,18ff*]. Auch für OCKHAM ist der Satz eigentlicher Gegenstand des Wissens. HOLCOT folgt ihm in dieser Lehre. Bei CRATHORN wird diese Theorie aber ganz und gar im sensualistischen Sinne verstanden. Die gesprochenen und geschriebenen Sätze sind die sinnenhaften Wirklichkeiten, mit denen es unser Wissen zu hat. Wie nun die Begriffe dieser Sätze ad placitum gebildet werden, so sind auch die ihnen natürlicherweise entsprechenden mentalen Begriffe ad placitum zu den extramentalen Dingen. Wir haben es hier mit einer Umkehrung der aristotelischen Lehre über das Verhältnis von Begriff und wirklicher Sache sowie von gesprochenen (oder geschriebenen) Begriffen und mentalen Begriffen zu tun.

Dies wirkt sich schließlich auf die Universalienlehre aus. Die Definition des Universale durch PORPHYRIUS: ‚Praedicabile de pluribus‘, bezieht CRATHORN auf den gesprochenen oder geschriebenen Satz [*161,19ff; 162,8–23*]. Die Universalien gehören für den Logiker somit in den Bereich der gesprochenen oder geschriebenen Begriffe. Die mentalen Begriffe sind nur in dem Sinne aussagbar für vieles und damit Universalien, als sie den gesprochenen und geschriebenen Sätzen entsprechen und deren natürliche Zeichen sind [*161,22–27*]. Für diese seine Lehre polemisiert CRATHORN ausdrücklich gegen OCKHAM, BOETHIUS und ARISTOTELES [*166,2–168*].

Von hier aus läßt sich ein besseres Verständnis für CRATHORNS These gewinnen, daß nicht der Satz Gegenstand des Wissens sei, sondern das mit dem Satz Bezeichnete. Sie steht nicht im Widerspruch zu den vorausgehenden Feststellungen, daß alles Wissen und alle Wissenschaft durch Sätze (Aussagen) entsteht, die wir hören oder lesen. Im Gegenteil! Gerade weil wir unser Wissen in Sätze fassen, die sich in vielfacher Weise spezifisch unterscheiden – als gesprochene oder geschriebene, aber auch nach dem verschiedenen Sprachidiom beim Engländer oder beim Griechen – haftet der Inhalt der Aussage nicht am Formalen des Satzes, sondern an dem mit dem Satz Bezeichneten [270,5–271,2]. Doch beachten wir dabei, daß dies Significatum nicht die extramentale Sache ist. Unser Wissen bleibt bei den Zeichen, die auf die Dinge hinweisen [271,3–17]. Die von den Philosophen für das geistige Erkennen aufgestellte Formel: „Einsicht in die Prinzipien und Wissen von den Schlußfolgerungen" muß so verstanden werden: „Die Einsicht erstreckt sich auf das, was durch die Prinzipien bezeichnet wird, und das Wissen auf das, was durch die Schlußfolgerungen bezeichnet wird."[43] „Den Philosophen nämlich und andere haben in ihren Worten oft nicht zwischen dem Zeichen und dem Bezeichneten unterschieden und aus diesem Grunde gelegentlich Irrtümer vertreten und die Wahrheit bestritten" [271,3–8]. In dieser Begrenzung des Erkennens auf den Bereich des Intentionalen trifft sich HOLCOTS Argumentation mit derjenigen CRATHORNS. HOLCOT sieht (in ockhamistischer Tradition) als Gegenstand der intellektiven Zustimmung nicht die Sache, sondern das Zeichen.[44]

Die weiteren Ausführungen des hier zitierten Abschnittes sind für CRATHORNS erkenntnistheoretisches Denken höchst aufschlußreich: „Man muß wissen, daß wir das von den Sätzen Bezeichnete in sich nicht erkennen können und auch nicht in ihnen natürlicher Weise entsprechenden Begriffen, da wir über vieles Schlußfolgerungen anstellen, was wir weder in sich noch in ihren natürlichen Begriffen, sondern nur in dafür künstlich eingesetzten Zeichen erkennen. Darum gebrauchen wir die Zeichen an Stelle der bezeichneten Dinge." Ich gebe den Schluß abgekürzt wieder: Daher bedienen wir uns, wenn wir anderen unser Wissen mitteilen, der uneigentlichen Redeweise [271,8–17]. Fast gleichlautende Aussagen finden wir bei OCKHAM und bei HOLCOT, bis hin zu dem Ausdruck der ‚uneigentlichen Redeweise'. Damit sind die Zeichen der Dinge Gegenstand unseres Wissens. Diese Zeichen sind aber für CRATHORN nichts anderes als die gesprochenen oder geschriebenen Worte und die aus ihnen zusammengesetzten Sätze. Die ‚inneren Worte' (verba mentalia) müssen als natürliche Zeichen der gesprochenen oder geschriebenen Worte angesehen werden. Erst am Ende seines ersten Artikels legt HOLCOT den Finger auf diese Wunde in CRATHORNS Erkenntnistheorie [80,19–81,8]. Die Umkehrung im

---

[43] Aristoteles, Eth. Nic. VI c.6 (1141a 2–7).
[44] Robert Holcot, I Sent. q.2 (Text nach Inc. u. Hss) vgl. Die theologische Methode …, 212/214 Anm. 16 u. 17: „Secundo sic: Species rei vel habitus causat cognitionem rei, ergo multo magis propositio composita ex cognitionibus rei extra causat actum assentiendi rei extra … Ad secundum nego consequentiam, quia assensus non est natus esse respectu rei extra sed tantum respectu signi." Zu Wilhelm Ockham vgl. o. Anm. 31.

Verhältnis von ‚innerem' und ‚äußerem' Wort bedingt seine Lehre von
der Rolle der species beim Erkennen. Daraus ergeben sich Konsequenzen für die Universalienlehre, der wir uns jetzt zuwenden. Beachten
wir vorerst hier, daß CRATHORN wie HOLCOT gegen OCKHAM an dem
Mitwirken einer Species – wie sehr auch gewandelt – im Erkenntnisprozeß festhält.

2. Species – Universale

Wir sezten ein bei HOLCOTS Wiedergabe der Lehre CRATHORNS. Für
beide ist Gegenstand des Wissens und der Wissenschaft der Satz.
Darin folgen sie der Lehre WILHELMS VON OCKHAM.[45] HOLCOT hat
diese Opinio fast mit denselben Worten wiederholt: „Der Gegenstand
jeder Erkenntnis und jeder Behauptung, sei es in der Wissenschaft
oder im Glauben oder in einer Meinung, ist der Satz und nicht eine
Sache außerhalb der Seele, die von den Begriffen bezeichnet wird"
[67,6–8]. Der Gegensatz der Lehre seines Gegners CRATHORN scheint
unter diesem Blickpunkt eigentlich nur in einer Nuance zu bestehen.
Wenn CRATHORN nämlich als Objekt des Wissens das vom Satz Bezeichnete herausstellt, so meint er damit nicht das Ding der Außenwelt, wie HOLCOT ihm unterstellt, sondern so etwas wie den Bedeutungsgehalt des Satzes. Doch gerade ein solches Objekt setzt ja den
Satz voraus. Die Frage ist nun: Wie gelangen Sätze als die Objekte unseres Wissens vor das Forum unserer geistigen Erkenntnis? CRAT-
HORNS Lösung dieser Frage wurde bereits im vorhergehenden Abschnitt vorgestellt. Wir fassen zusammen: Die Sätze unseres Wissens
erfahren wir nur durch unser Sehen und Hören, also als geschriebene
und gesprochene Sätze. Mentale Sätze sind deren natürliche Zeichen.
Wir müssen hier nun der Frage nachgehen: Welche Rolle spielt dabei
das Universale und die Species im Sinne von Abbild? Beide Begriffe
stehen in Korrelation zueinander; darum müssen sie auch hier so be-
sprochen werden. Dabei wird sich zeigen, wie die beiden ‚Socii' HOL-
COT und CRATHORN in der Analyse so komplizierte und verschlungene
Pfade gehen, daß ihre Theorien sich nicht von einer gemeinsamen
Grundauffassung her vergleichen lassen.
Für HOLCOT müssen wir auf den Prolog des Sentenzenkommentars zu-
rückgreifen. Dort finden wir zwei Feststellungen von grundsätzlicher
Bedeutung für das Verhältnis der Species zur extramentalen Sache
und für das Zustandekommen der Species. Zum ersten bemerkt HOL-
COT, daß die Species nicht von natürlicher Ähnlichkeit mit dem Objekt
sein kann, weil beide von verschiedener Art sind. Darum kann der
Begriff ‚species' nur äquivok gebraucht werden. Für die Entstehung

---

[45] Vgl. o. Anm. 31.

einer Species als Bild der Ähnlichkeit verweist HOLCOT auf die (wiederholte) Erfahrung. „Wenn wir die Kenntnis einer Sache haben, die
(dann) abwesend ist, und uns begegnet eine andere Sache, die ihr ähnlich ist, dann wird in uns die wirkliche Erkenntnis der abwesenden
Sache hervorgerufen . . . Und auf Grund dieser Erfahrung übertrugen
die Philosophen solche Namen wie: ‚species‘, ‚ydolum‘, ‚imago‘,
‚exemplar‘ auf die Bezeichnung solcher Qualitäten, die für das Erkennen gebraucht werden, obwohl sie keineswegs den Dingen der Außenwelt im Sein ähnlich sind. Und die Philosophen nannten sie ähnlich im
Vergegenwärtigen, nicht im Sein, was bedeutet, daß sie nicht Wesen-
heiten einer solchen Natur sind, wie sie den Objekten der Außenwelt
zu eigen ist."[46] HOLCOT hält also am Abbildcharakter der species in
Bezug auf die extramentale Sache fest, schränkt aber die Bedeutung
der Ähnlichkeit in der für die ‚Nominalisten‘ charakteristischen Ma-
nier ein: Es gibt keine Ähnlichkeit im eigentlichen Sinne zwischen einem Gedankengebilde und einer extramentalen Sache. Diese Ähnlichkeit besteht nur in repraesentando. Dazu kommt, daß bei HOLCOT die
so verstandene Species die Brücke für den Allgemeinbegriff bildet. In-
direkt geht dies aus einem OCKHAM-Zitat hervor, in dem dieses Abbild,
hier ‚ydolum‘ genannt, als eine ‚commune ad plura‘ gekennzeichnet
wird.[47]

CRATHORN handelt an mehreren Stellen der ‚Quaestiones‘ über das
Universale als Erkenntnisobjekt, wie das Sachregister ausweist. Ausführlich wird die Rolle des Universale im Erkenntnisvorgang in einer

---

[46] Holcot, Prol. Sent. (RBM fol. 131 va 38–62; O fol. 207 rb 20–38) – vgl. Die theologische Methode . . . 235, Anm. 84: „Illa res, quae est species in intellectu, non est naturalis similitudo obiecti eo modo, quo duo alba dicuntur similia vel aliquid huiusmodi,
quibus demonstratis vere dicitur: Ista sunt similia, sed similitudo omnino dicitur aequivoce de talibus qualitatibus spiritualibus et qualitatibus extra. Immo duae species sunt
similes inter se vere et una species est similitudo alterius, sed non est similitudo obiecti
sive rei extra proprie loquendo et univoce, quia sic forent eiusdem speciei. Sed quia
sic experimur in nobis et quando habemus notitiam alicuius rei absentis et occurrit
nobis alia res sibi consimilis, causatur in nobis actualis notitia rei absentis, sicut si vidi
prius Herculem et postea videam unam statuam, quae est figurata et colorata sicut
Hercules fuit, quando eum vidi, iam statim moveor ad cogitandum de Hercule ita
quod ista similitudo est causa illius cogitationis actualis de Hercule. Et propter hanc
experimentiam transtulerunt philosophi ista nomina: species, ydolum, imago, exemplar
ad significandum tales qualitates requisitas ad intelligendum, licet in nullo sunt similes
rebus extra in essendo, et dicuntur apud philosophos similes in repraesentando, non
in essendo, id est quod non sunt essentiae talis naturae, qualis naturae sunt obiecta
extra."

[47] Vgl. ebd. (RBM fol. 131 rb 41–va 4; O fol. 207 ra 47–69) vgl. Die theologische Methode . . . 233, Anm. 77: „. . . Et similiter dicit quod probabile est quod in intellectu
praeter actum intelligendi, quando intelligitur aliquod commune ad plura, est in intellectu vel subiective vel obiective, quod est aliquo modo simile rei extra mentem, quod
a multis vocatur ydolum, in quo aliquo modo res cognoscitur . . ."

der größeren Quästionen untersucht, in Quaestio II: „Utrum omne cognitum a viatore sit res singularis" [*152*]. Der zweite Teil dieser Quaestio [*182–205*] wurde bereits von JOHANNES KRAUS ediert.[48] CRATHORN geht dort auch auf die Lehren des THOMAS VON AQUIN, JOHANNES DUNS SCOTUS und WILHELM VON OCKHAM ein. Wie schon bei HOLCOT ist auch bei CRATHORN die Lehre über die Species in den größeren Zusammenhang von Erkenntnis und Aussage zu stellen. Damit folgen wir auch der Methode CRATHORNS. Schon der Aufbau der Quaestio ist für seine weit ausholende Argumentationsweise aufschlußreich. An den Anfang stellt er drei ‚Unterscheidungen' (‚distinctiones'), die auf die Themenkreise hindeuten, in denen die Species im Erkenntnisvorgang behandelt wird [*153–154*]. Die drei Unterscheidungen betreffen je drei Begriffe: Propositio, universale, cognitum. PROPOSITIO: Sätze werden in drei Arten unterschieden: gesprochene, geschriebene und gedachte (in voce, in scripto, in mente). UNIVERSALE: Es wird fünffach unterschieden: (1.) Gemäß der Ursache, wenn etwas alles oder vieles verursacht. (2.) Gemäß seiner Vollkommenheit, wenn es viele Vollkommenheiten in sich schließt. (3.) Gemäß der Ähnlichkeit, wenn etwas vielen anderen Dingen ähnlich ist. (4.) Gemäß der Darstellung und Bezeichnung. Diese letzte Weise ist nochmals zu unterscheiden: (4a) Gemäß der Darstellung und Bezeichnung allein und (4b), gemäß der Bezeichnung und der Aussage. Mit dieser letzten Art des Universale hat es der Logiker zu tun. (5.) In einer fünften Weise kann unter Universale etwas gemäß seiner Wesenheit oder seiner Existenz verstanden werden, wie es ARISTOTELES bei PLATON anzutreffen glaubte. COGNITUM: Hier wird zwischen intuitiver und abstrakter Erkenntnis unterschieden.
Wir wenden uns zuerst CRATHORNS Theorie über die intuitive Erkenntnis zu. Danach erfaßt der erkennende Geist das Einzelobjekt unmittelbar. Die weiße Farbe eines Steines, den man sieht, ist das, was intuitiv erkannt wird, ebenso das Ähnlichkeitsbild (similitudo) der weißen Farbe, das in demjenigen ist, der sie sieht, und das unmittelbar gesehen wird [*154,5–7*]. In diesen Aussagen ist bereits CRATHORNS Theorie über die intuitive Erkenntnis der sinnenhaften Einzelobjekte enthalten. Sie wird in den bald folgenden Konklusionen [*154,30–165*] weiter entfaltet. Die bei der visuellen Wahrnehmung einer Farbe im Sehenden entstehende Ähnlichkeit (similitudo) ist nichts anderes als die sinnenhafte Species dieser Farbe, die über die Sinne und die Nervenbahnen dem sinnenhaften Gedächtnis eingeprägt wird. Darum ist sie dem

---

[48] J. Kraus (ed.), Quaestiones de universalibus Magistrorum Crathorn O.P., Anonymi O.F.M., Joannis Canonici O.F.M. Opuscula et Textus, ed. M. Grabmann et Fr. Pelster SJ: Series scolastica Fasc. XVIII, Münster 1936. Vgl. dazu: Ders., Die Stellung des Oxforder Dominikanerlehrers Crathorn zu Thomas von Aquin. ZKTh 57 (1933) 66–88.

gesehenen Objekt ganz ähnlich und von derselben Art wie dieses. Dabei ist zu beachten, daß sich das intuitive Erkennen nicht auf die Substanz eines Objektes richtet, sondern nur auf dessen Akzidenzien.[49] Allein die Species des Akzidens eines Objektes kann im Erkennenden sein, nicht seine Substanz [121,24–27].

Zum weiteren Verständnis müssen wir hier auf die Quaestio I zurückgreifen. Die Ähnlichkeit der sinnenhaften Species mit dem Objekt ist so groß, daß der Wahrnehmende auf Grund der Wahrnehmung allein zu keiner sicheren und untrüglichen Erkenntnis eines Objektes (eines Akzidens) gelangen kann, das außerhalb seiner Seele existiert. Ähnlichkeitsbild und Objekt in der Außenwelt stimmen vollkommen miteinander überein [123,10–20]. Mit einem sophistischen Kunstgriff beweist CRATHORN seine These. Wüßte der Wahrnehmende ganz sicher und unbezweifelbar, daß sich die weiße Farbe, die er sieht, außerhalb seiner Seele befindet, dann könnte er daraus mit der gleichen Sicherheit schließen, daß sie nicht in ihm ist. Damit würde er aber das Objekt von seiner Species trennen [123,20–25]. Dies würde dann die Erkenntnis aufheben. In wiederholten Argumenten verficht CRATHORN die völlige Übereinstimmung und Nichtunterscheidbarkeit von Objekt und Ähnlichkeitsbild [124–126].

Wo bleibt dann aber die Sicherheit und Evidenz der menschlichen Erkenntnis? Sie liegt im Satz-Wissen! Der Mensch kann ein sicheres und evidentes Wissen des Satzes haben: ‚Ich sehe die weiße Farbe‘, wenn er ihn sieht [125,26–30]. Dasselbe gilt für den Gehörsinn: Wer einen Klang hört, kann den Satz erkennen: ‚Ich höre einen Klang.‘ Damit wechselt die Einsicht in einen Sachverhalt zu der Einsicht in eine Aussage hinüber. So würde sich dieses Problem jedenfalls in den Augen der ‚Realisten‘ ansehen. Und schon taucht ein Vorwurf auf, den bereits der OCKHAM-Ankläger JOHANNES LUTTERELL erhoben hat: Die Verlegung von Evidenz und Sicherheit der Erkenntnis in die Aussage und die Begriffe zerstöre jede Erkenntnis und Wissenschaft.[50] CRATHORN fängt diesen Einwand innerhalb seiner Erkenntnistheorie auf: „Könnte jemand (allein) auf Grund der Tatsache, daß er (solches) sieht, keine evidente und untäuschbare Kenntnis über derartige Aussagen haben (nämlich: ‚Ich sehe die weiße Farbe‘ usw.), dann würde daraus folgen, daß der Mensch im Pilgerstand keine Aussage evident und untäuschbar erkennen kann, ... selbst nicht von Aussagen der Art: ‚Jedes Ganze ist größer als seine Teile.‘ Damit würde jede mensch-

---

[49] Crathorn bezweifelt, ob man überhaupt von Substanzen im eigentlichen Sinne des Wortes sprechen kann. Vgl. Q 13 [391–393].

[50] Vgl. F. Hoffmann, Die Schriften des Oxforder Kanzlers Johannes Lutterell. Leipzig 1959, 73f.

liche Erkenntnis und Wissenschaft zerstört, was auszusprechen völlig ungereimt ist" [*125,31–126,3*]. LUTTERELLS Gegenargument wird somit zum Argument.

Auch das zweite Argument, in dem sich CRATHORN auf die innere Erfahrung beruft, mündet in das Satz-Wissen. Wir erfahren in uns selbst, daß wir, sobald wir etwas sehen, solchen Sätzen zustimmen: ,Ich sehe.' ,Etwas wird von mir gesehen.' ,Was von mir gesehen wird, ist etwas.' Voraussetzung ist nur, daß man einsieht, was durch solche Sätze bezeichnet wird [*126,4–10*]. Hier folgt dann eine für CRATHORNS Verständnis des Erkenntnisvorganges ganz wichtige Passage. Er erklärt ausdrücklich, daß „diese Ausdrucksweise weder die evidente und untäuschbare Erkenntnis der ersten Prinzipien noch folglich jegliche Wissenschaft zerstöre. Wer immer die weiße Farbe sieht, sei es in der Außenwelt, sei es als Species im Kopf des Wahrnehmenden, ⊗ kann evident und untäuschbar diesen Satz erkennen: ,Dieses Ganze ist größer als ein Teil.'" An der gekennzeichneten Stelle ⊗ dieses Satzes fügt CRATHORN hinzu: ,denn die weiße Farbe ist eine ausgedehnte Sache, die Teil neben Teil hat.' Zwei wichtige Einsichten gewinnen wir hier: Unsere Erkenntnis ist Satz-Wissen, unabhängig von der Außenwelt. Dies gilt auch für die Erkenntnis der ersten Prinzipien. Ferner: Die sinnenhafte Species im Kopf des Menschen ist materieller Natur, da sie ausgedehnt ist und Teile hat. Diese Meinung CRATHORNS geht aus dem Satzzusammenhang eindeutig hervor. CRATHORN unterscheidet also scharf zwischen der unmittelbaren, intuitiven Erkenntnis des einzelnen sinnenhaften Objektes und der eine solche Erkenntnis voraussetzenden Aussage. Das zweite setzt das erste voraus, ist jedoch eigentlicher Gegenstand des Wissens.

Mit einem dritten Argument stützt CRATHORN die Zuverlässigkeit der menschlichen Erkenntnis: „Wäre jene Erkenntnis nicht wahr, dann könnte der Mensch überhaupt nicht Gewißheit darüber haben, etwas zu sehen oder zu erkennen, weder von Gottes Allmacht her noch aus einem anderen Grunde" [*126,20–22*]. Man könnte dies als ein Motiv natürlich-praktischer Vernunft bezeichnen. Zum Beweis seiner Schlüssigkeit bedient sich CRATHORN eines sophistischen Kunstgriffes, der logisch kaum zu widerlegen ist [*126,22–30*]. Schließlich weist CRATHORN auf die Weisheit und Güte Gottes hin, der den Menschen nicht ein ganzes Leben lang in Irrtum und Frustration fallen ließe [*126,31–127,4*].

Für den Fortgang unserer Analyse der Erkenntnistheorie CRATHORNS hebe ich noch einmal hervor: Die Unmittelbarkeit der intuitiven Erkenntnis des Einzelnen; die Bedeutung des Satz-Wissens für das wissenschaftliche Erkennen; die Eingrenzung der Species auf die sinnenhafte Wahrnehmung, wo sie zu einem robust sensualistischen Faktor des

Wahrnehmungsprozesses wird. Wir werden noch sehen, wie HOLCOT
von diesem Verständnis der Species her seinen Sozius kritisiert.

Wenden wir uns nun wieder den distinctiones (Unterscheidungen) in
Quaestio II zu. Dort bleibt noch die abstraktive Erkenntnis zu behandeln [154,8–27]. CRATHORN gibt zuerst eine allgemeine Charakterisie-
rung: Abstraktive Erkenntnis richtet sich auf ein Objekt, das für den
Erkennenden nicht gegenwärtig ist oder das gar nicht existiert. Gegenstand der Erkenntnis ist dann ein ‚Zeichen‘ (signum) jenes Dinges.
Dies kann von natürlicher Ähnlichkeit mit dem Gegenstand sein, wenn
dieser vorher wahrgenommen wurde. In diesem Falle ist ja der Seele
eine bestimmte Qualität der wahrgenommenen Sache eingeprägt.
Dies ist aber nicht der Fall, wenn die erkannte Sache niemals zuvor
wahrgenommen wurde oder wenn eine Sache gar nicht existiert. Auch
eine solche Sache wird (alio modo) in einem für sie gesetzten Zeichen
erkannt,[51] das nun mit der Sache nicht mehr ähnlich ist, wenn eine
solche Sache als erkannte und nicht existierende angenommen wird
[154,23]. Für CRATHORN sind Gott, Seele, Substanz solche niemals
wahrgenommenen Sachen, die wir in dieser Weise in unserer Erkenntnis haben, wenn wir ihren Namen (vox) hören [154,23–28].

Diese Ausführungen sind ein neuer, wenn auch indirekter Beweis dafür, daß CRATHORN die menschliche Erkenntnis im Grunde subjektiv
auf die sinnenhafte Wahrnehmung und objektiv auf die äußerlich
wahrnehmbare Erscheinung, im scholastischen Verständnis: auf die
Akzidenzien der Dinge begrenzt. Der Wahrnehmungsvorgang wird im
folgenden [157–158,23] beschrieben. Hinzuzuziehen ist eine Quaestio,
in der wir es zunächst nicht erwarten, nämlich Q. VII: „Utrum omnis
creatura rationalis sit imago trinitatis" [331–351]. Der Erkenntnisvorgang wird hier als imago trinitatis dargestellt. Doch zuerst zu den Ausführungen in Q. II. Auch im wissenschaftlichen Erkennen geht CRAT-
HORN von Objekten der Sinneswahrnehmung aus, nämlich von den
gesprochenen und geschriebenen Sätzen. Auf die wissenschaftstheore-
tische Bedeutung dieser Position wird noch zurückgegriffen werden.
Die sinnenhaften Dinge affizieren die Sinnesorgane und rufen dort
jene materiell aufzufassenden Bilder der wahrgenommenen Dinge hervor, jene ‚verba mentalia‘ – wie CRATHORN in Umdeutung des klassischen Begriffs sie nennt[52] – die in einer kontinuierlichen Reihe, in der
jedes vorhergehende Bild das nächste hervorruft, bis zur cellula memorialis gelangen [157,1–7]. Der Ausdruck ‚materiell gedachte Bilder‘, ist
im herkömmlichen Verständnis ein Widerspruch in sich. CRATHORN

---

[51] Crathorn vermeidet hier die Vokabel ‚signum‘ und schreibt nur ‚aliquid‘. Vgl.
[154,21].

[52] Die Bedeutung, die Crathorn diesem Begriff gibt, widerspricht der gesamten Tradition von Augustinus über Thomas von Aquin bis Wilhelm von Ockham.

nennt sie aber: ‚propositiones mentales vel intrinsicae' [*156,33f;*
157,1f], die für ihn von sinnenhafter Natur sind. Jeder dieser Sätze,
jedes dieser Bilder ist dem vorausgegangenen aufs äußerste ähnlich.
Über diese Kette von Bildern oder ‚Species' gelangt die von den Sinnen
aufgenommene Species zu derjenigen Gehirnzelle, die CRATHORN cellula memorialis nennt und die der Aufbewahrungsort der Species sinnenhafter Dinge ist [*156,23f*], die durch die Einwirkung der Species
eine wirkliche Veränderung erfährt. Der ganze physiologische Vorgang wird an dieser Stelle genau dargestellt. Wir verweisen hier auf
Q. VII, wo wir weitere Ausführungen fanden, die sich an die eben zitierten sachlich anschließen: Die von den Sinnen aufgenommene Species wird also der ‚cellula memorialis' eingeprägt und bringt dort die
notitia genita hervor, in der die Seele das wahrgenommene Objekt
erkennt [*341,6–20*], und zwar an einer anderen Stelle des Gehirns, der
cellula media, der sie von der cellula memorialis eingeprägt wird und
wo sie von der Seele intuitiv geschaut wird. Species und notitia genita
sind real verschieden. Bis zur notitia genita in der cellula media bleibt
der Wahrnehmungsprozeß materiell sinnenhaft. Daß die Seele die sinnenhafte notitia genita schaut, ist für CRATHORN kein Problem, da es
für ihn wie für OCKHAM die unmittelbare geistige Erkenntnis eines materiellen Objektes gibt. Auf diese Weise wird also sowohl die Species
wie die äußere Sache, von der die Species her ist, erkannt.
Jedoch ist damit der Erkenntnisvorgang noch nicht vollständig. Die notitia genita ist nicht die Erkenntnis im formalen Sinne, sondern nur im
materialen und objektiven. Das Erkennen richtet sich nur auf sie, solange aus ihr nicht die ‚volutio spirata' hervorgeht [*342,1–4*].
Mit dem Erkennen verbindet CRATHORN ein Lieben oder Wollen. So
kommt er zu einer dritten ‚Sache' im Prozeß des Wahrnehmens und
Erkennens, die er ‚volutio spirata' oder ‚volutio procedens' oder ‚amor
spiratus' nennt. Diese wird von der Species und von der notitia genita
als eine Qualität hervorgebracht und ist von beiden real verschieden
[*342,6–23*]. Die volutio spirata ist nicht als die liebende Hingabe der
Seele zu einem Wesen oder Gegenstand zu verstehen. Daher darf sie
nur ‚materialiter et obiective' Liebe genannt werden. Sie ist allerdings
unmittelbarer Gegenstand der Liebe, die wiederum mit der Seele identisch ist. Alle drei: Species, notitia genita und volutio spirata sind Qualitäten, die untereinander in einem Zuordnungsverhältnis stehen, das
CRATHORN mit den innertrinitarischen Relationen in Vergleich setzt. In
diesen Qualitäten und ihren gegenseitigen Relationen sieht er das Abbild der Trinität, das ohne der volutio spirata nicht im Menschen
wäre. Mit dem Blick auf diese trinitarische Analogie lassen sich auch
solche Sätze verstehen: Die notitia genita werde nur ‚materialiter' Erkenntnis genannt, solange sie nicht die volutio spirata hervorgebracht

habe [*342,2–4*]; alle volutio oder dilectio sei Erkenntnis, aber nicht umgekehrt sei alle Erkenntnis schon volutio oder dilectio [*342,21–23*].

Die Wirklichkeitsbezogenheit des menschlichen Erkennens wird also bei CRATHORN in einer rigoros sensualistischen Weise gewahrt. Allerdings müssen wir bei einem solchen Urteil bedenken, daß dieser Sensualismus weit entfernt ist von dem späteren Phänomen gleichen Namens bei den Engländern des 16. und 17. Jahrhunderts und bei den Ideologen und Wegbereitern der Französischen Revolution. Kein Lehrer der Scholastik hätte je den wesensmäßigen Unterschied zwischen geistigem und materiellem Seiendem in einen ontologischen Monismus eingeebnet. Gerade CRATHORN kann hier als Beispiel dienen. Darum ist hier der Ausdruck ,sensualistisch' auf den Erkenntnisprozeß zu beschränken. Wie wir bereits sahen, gelangt der auf den Sinn treffende Reiz durch eine kontinuierliche Reihe von sinnenhaften Species zur cellula memorialis, der sich die letzte Species dieser Reihe einprägt. CRATHORN drückt dies ganz drastisch mit den Worten aus: „Obiectum visum immutat videntem" [*106,4*], was er mit Erfahrungsbeispielen zu rechtfertigen sucht [*106,5–13*]. Man muß sich die geschilderte Struktur des Wahrnehmungsprozesses vergegenwärtigen, um den eben zitierten Satz und ähnliche zu verstehen, die CRATHORN den Spott HOLCOTS eingebracht haben [106,6–11].[53] Außerdem ist heranzuziehen, was CRATHORN über die Unterscheidung materieller und immaterieller Formen sagt, weil der Ausdruck ,Form' im Erkenntnisvorgang eine wichtige Rolle spielt [*119,9–122,13*]. Dabei wird es sich zeigen, wie der Begriff ,Form' bei CRATHORN in einer überraschenden Weise in seine sensualistische Erkenntnistheorie eingepaßt wird, wobei an die traditionelle Bedeutung angeknüpft wird, die er aber in einen neuen Sinngehalt überleitet.

Ausgangspunkt ist die bekannte Stelle bei ARISTOTELES und seinem Kommentator AVERROES über das Sehen der Farben[54] [*118,31–119,8*]: „*Es ist offenbar, daß der Gesichtssinn nicht die der Zahl nach gleichen Farben aufnimmt, die als solche in den Farben sind, die vom Sehenden dem Ort und der Lage nach entfernt sind. So nennen also* ARISTOTELES *und der* KOMMENTATOR *Farben die Formen, die der Gesichtssinn aufnimmt und die von den außerhalb des Sinnes existierenden Farben hervorgebracht werden. Jene Formen werden aber species visibiles genannt. Also ist die im Sehenden existierende sichtbare Species die Farbe. Da aber keine Form ein natürliches Bild dessen sein kann, von dem es sich der Art*

---

[53] Vgl. Die theologische Methode . . . 205, Anm. 119.

[54] Vgl. Aristoteles, De anima II c.11 (424 a 8–9), c.12 (424 a 17–30); Averroes i.h.l. com. 104 (ed. Venetiis apud Junctas 1562–74, Vol. II Suppl. fol. 105r).

nach unterscheidet, ist es offenkundig, daß die Qualitas, die Wort und Abbild einer Sache ist, von derselben Art wie jene Sache ist." Wir stehen hier an einer Textstelle, die eine Schlüsselbedeutung für das Verständnis der Species-Lehre bei CRATHORN hat. Zu bedenken ist dabei zuerst die Inhaltsgleichheit der Begriffe ‚Forma', ‚Species', ‚Qualitas' und in gewisser Weise auch ‚Similitudo', wenn sie im Sinnzusammenhang mit den ersten drei Begriffen steht. Die Form kann die natürliche Ähnlichkeit (das natürliche Bild) von einer Sache sein, wenn beide von der gleichen Art sind. CRATHORN formuliert es in einer negativen Aussage [119,5–7]. Der Zentralbegriff in der genannten Reihe ist derjenige der Form. Ihn greift CRATHORN in den folgenden Ausführungen mehrmals auf [119,9–23; 120,8–29]. Dabei stützt er sich auf das bekannte Aristoteleswort De anima II c. 12: Die Farben werden vom Wahrnehmenden nicht in ihrem An-sich-sein aufgenommen, sondern in ihren *Formen* (nach der Kommentierung durch THOMAS AQ) [119,2–4; einschl. Anm.]. Angemerkt sei hier, daß dieser Gebrauch des Form-Begriffes nicht mit jenem anderen verwechselt werden darf: im Sinne von Wesenheit, Species als Art. Wir setzen dafür zwei Zitate: Erstens das aristotelische Axiom: „Formae sunt sicut numeri",[55] wörtlich: „Wie die Zahl kein Mehr oder Weniger annimmt, so auch nicht die Wesenheit in ihrer Form." Zweitens den Satz, mit dem der Liber sex principiorum beginnt: „Forma est simplici et invariabili essentia consistens."[56]
Kehren wir nun zu dem Aristoteleszitat aus De anima II zurück, auf das sich CRATHORN beruft [118,33–119,8]. Ihm dient es als Beweisgrund dafür, daß die im Gesichtssinn existierende Form der Farbe von gleicher Art ist wie die in der Farbe existierende Form. Dagegen stellt CRATHORN sieben Gegenargumente auf [119,9–120,7], die wir auch in HOLCOTS Conferentiae finden [107f].
Der erste Einwand hat eine prinzipielle Bedeutung für die weiteren. Er richtet sich gegen die Behauptung, die im Gesichtssinn existierende Form der Farbe sei von derselben Art wie die in der Farbe existierende Form; dies ist ja die Voraussetzung für eine wirklichkeitsgetreue Wahrnehmung der Farbe. Der Opponens hält nun entegen, daß diese beiden Formen nicht von gleicher Art sind, weil die eine (nämlich die in der Außenwelt existierende) Form materiell ist, die andere (im Gesichtssinn befindliche) immateriell [119,9–12].
CRATHORN antwortet ausführlich, wobei er gerade von dieser Unterscheidung materieller und immaterieller Formen ausgeht. Seine Antwort gibt uns einen wertvollen Einblick in seinen Begriff der ‚Form',

[55] Aristoteles, Met. VII (H) c.7 (1044 a 9ff).
[56] Ed. A. Heysse (Opuscula et textus VII) S. 8. Beide Zitate bei Anneliese Maier, Zwei Grundprobleme der scholastischen Naturphilosophie. Rom ²1951, 11.

erkenntnistheoretisch wie ontologisch. Drei Arten von immateriellen
Formen werden aufgezählt und mit ihrem konträren Gegenteil, den
materiellen Formen verglichen [*120,8–29*]. In erster Weise ist eine
Form immateriell, weil sie unteilbar ist, nicht zusammengesetzt aus
ausgedehnten körperlichen Teilen. Im Gegensatz dazu kann als materielle Form bezeichnet werden, die aus solchen (ausgedehnten körperlichen) Teilen zusammengesetzt ist [*120,8–11*]. Damit setzt CRATHORN
‚immateriell‘ mit ‚unteilbar‘ und ‚unausgedehnt‘, ‚materiell‘ hingegen
mit ‚teilbar‘ und ‚ausgedehnt‘ gleich. Die Ausdehnung ist somit das
wesentliche Merkmal des Körperlichen. Zweihundert Jahre später wird
DESCARTES damit den Unterschied zwischen Geist und Körper begründen. An CRATHORNS Argumentation geht uns auf, wie problematisch
dieses scheinbar leicht eingängige Axiom ist. Damit dürfte aber der
Unterschied, den die traditionelle Ontologie zwischen ‚immateriell‘
und ‚materiell‘ macht, eingeebnet sein. Für CRATHORNS Verständnis ist
der kleinste, nicht mehr teilbare Teil immateriell. Nun kann er sagen,
daß diese Art von derselben Art ist wie die ihr entsprechende materielle Form, deren kleinster, unteilbarer Teil sie ist [*120,17–19*]. An
dieser ersten Responsio läßt sich auch ersehen, wie CRATHORN die
Wirklichkeitsbezogenheit des Erkennens an den Form- und Speciesbeg-
riff knüpft. Jedes Ding hat seine eigene Form, die vom Erkenntnisvermögen aufgenommen wird. In dieser Aussage muß aber der Formbeg-
riff im Sinne der Bedeutung verstanden werden, die er durch CRAT-
HORN erhält. Der Art nach gleiche Dinge können immaterielle und materielle Formen haben, die sich nicht der Art nach unterscheiden. Damit wird in einem ersten Schritt die Aufnahme von Formen oder Species durch das Erkenntnisvermögen zugestanden, die den Formen in
den Dingen der Außenwelt der Art nach gleich sind. Dabei darf man
nicht übersehen, daß im erkenntnistheoretischen Bereich der Unterschied zwischen materieller und immaterieller Form in der eben be-
schriebenen Weise eingeebnet wird.
CRATHORN fährt fort [*120,11–13*]: Auf eine andere Weise kann eine
Form immateriell genannt werden, weil sie in einem immateriellen
Subjekt ist. Ihr Gegenstück wird materielle Form genannt, weil sie einem materiellen Subjekt die gehörige Gestalt gibt. Auch in diesem
Falle kann die immaterielle Form von derselben Art sein wie die materielle. Daher räume ich ein, daß die Farbe, die am Stein ist, und ihr
Abbild in der Seele dessen, der den Stein sieht, von derselben Art sind
[lin. *19–21*]. Mit dieser Aussage begibt sich CRATHORN anscheinend
ganz in die Nähe der Species-Lehre der aristotelisch-thomistischen
Gnoseologie. Die Species oder Form im Erkennenden ist wirklich ein
Abbild der Species oder Form des extramentalen Dinges. Jedoch liegt
bei CRATHORN ein wesentlich anderer Begriff von Form oder Species

als bei ARISTOTELES und bei THOMAS AQ. vor. Während bei diesen die Species im Erkennenden eine Erkenntnis des Wesens oder der Substanz des extramentalen Dinges vermittelt, kommt es bei CRATHORN nur zu einer Erkenntnis der Akzidenzien. Dafür stehen vor allem zwei Argumente, ein ontologisches und ein gnoseologisches. Das ontologische Argument finden wir in der Kategorienlehre, wo CRATHORN die Existenz einer Substanz im eigentlichen Sinne des Wortes ablehnt [*391,28–393,8*]. Zwei Begründungen gibt er dafür, die eine aus der Namensbedeutung sub-sto, sub-stas; hier entsteht die Frage, „was denn unter dem anderen steht, daß es das Holz ausmacht. Viele Naturen existieren gleich ausgedehnt in einem Stück Holz, ohne daß es sich sagen läßt, daß die eine mehr unter der anderen existiert oder umgekehrt" [*391,29–392,2*]. Die andere ergibt sich aus der natürlichen Abhängigkeit der Akzidenzien von der Substanz, die im Grunde nicht ohne die Natur des Holzes sein können wie diese nicht ohne bestimmte Akzidenzien [*394,4–14*]. Daraus folgt, daß ein Akzidens getrennt von der Substanz als Substanz bezeichnet werden kann und daß eine Substanz Akzidens einer Substanz sein kann [*392,10–23; 394,4–14*].

Das gnoseologische Argument ergibt sich aus dem Wahrnehmungsvorgang, nämlich aus dem Sehen selbst, das im Aufnehmen der realen Dinge auf die Akzidenzien angewiesen ist und nie zu dem vordringen kann, was die aristotelisch-thomistische Philosophie als Substanz bezeichnet. Nur so ist der Satz CRATHORNS zu verstehen, daß die Form der Farbe wirklich im Erkennenden ist. Sie kann als materielle Form der immateriellen Form im Geiste so sehr entsprechen, daß sich sagen läßt: Die erkennende Seele nimmt diese Farbe an oder wird mit dieser Farbe gefärbt [*120,30–33*]. Wir erinnern uns, daß für CRATHORN der kleinste Teil immateriell ist, weil unteilbar und ohne Ausdehnung. Weil er aber Teil eines bestimmten Körpers ist, muß seine Form von derselben Art sein wie die des Körpers, der materiell ist, weil er aus Teilen besteht, als Vorbedingung seiner Ausdehnung.

Die vornehmsten ‚Körper', deren Formen wir aufnehmen, sind die visuellen und klanglichen Sätze. Da unser Wissen ein Satz-Wissen ist und der Satz der eigentliche Gegenstand der Wissenschaft ist, zielt das gnoseologische System, das CRATHORN aufbaut, auf die Wahrnehmung gesprochener oder geschriebener Sätze hin, deren natürliche Ähnlichkeitsbilder die mentalen Sätze im Geiste des Menschen sind. Wie wir schon sahen, ist die intuitive geistige Erkenntnis materieller Dinge für CRATHORN wie für OCKHAM durchaus möglich. Von daher ist bei CRATHORN die Umkehrung des Verhältnisses zu verstehen: Das Verbum mentale ist nicht ein natürliches Zeichen, eine passio animae des wirklichen, außermentalen Dinges, sondern des geschriebenen

oder gesprochenen Satzes. Diese gnoseologische Umkehrung rückt die
Species in das Zwielicht eines geistig-materiellen Faktors, womit CRAT-
HORN der Meinung zeitgenössischer Magister entgegenkommt, wonach die visuellen Species zugleich materiell und geistig sind. Minde-
stens werden die Grenzen zwischen beiden Arten durchlässig. Dieser
Entwicklung kommt die Rolle des Sehens in seiner Doppelbedeutung
als sinnenhafte Wahrnehmung und als Schauen des Geistes entgegen.

3. Species – Visio

Zum Verständnis der Kontroverse HOLCOT – CRATHORN sowie der Erkenntnislehre nach OCKHAM erscheint es nützlich, den Kreis der Autoren zu erweitern. In der Frage nach der Natur der visuellen Species, ob
materiell oder geistig, war die Lehre des ROGER BACON (geb. zwischen
1210 und 1214) bahnbrechend. Er war ein treuer Schüler des ROBERT
GROSSETESTE (1175–1253). Dieser lehrte vom Licht, daß es die feinste
körperliche Substanz und der Unkörperlichkeit am nächsten sei:
„<lux> significat enim substantiam corporalem subtilissimam et in-
corporalitati proximam naturaliter sui ipsius generativam."[57] Von ihm
angeregt begibt sich ROGER BACON daran, die Grundlinien der Philosophie nach der Theologie von naturwissenschaftlichen und mathemati-
schen Prinzipien her neu zu ziehen.[58] Während seiner Lehrtätigkeit in
Paris ist er sicher noch ALBERT DEM GROSSEN begegnet. THOMAS VON
AQUIN, ALEXANDER VON HALES, BONAVENTURA waren seine Zeitgenossen. BACON verbindet einen von seiner Begeisterung für die Physik mo-
tivierten Empirismus mit der augustinischen Illuminationslehre. Die
Klammer, die beide zusammenhält, ist der Begriff der Erfahrung.[59]
Diese materiell-geistige Symbiose ist der Schlüssel zum Verständnis seiner Species-Lehre. Die Species ist für BACON zugleich materiell und
geistig. Materiell ist sie als Auswirkung und Vorgang des Sonnenlich-
tes, das über die ganze Welt ausgegossen ist, geistig, weil das Licht die
‚Species', die ‚Bilder', die ‚Ähnlichkeiten' hell macht und aufleuchten
läßt, damit sie sich dem Erkennen darbieten, sowohl dem sinnenhaften wie dem geistigen.[60] Solche Gedanken setzen die hervorragende
Einschätzung des Gesichtssinnes, des Sehens voraus. Auch THOMAS

---

[57] L. Baur, Die Philosophie des Robert Grosseteste. BGPhMA Bd. 18, Münster 1917, 80.
Ueberweg-Geyer 373.
[58] Zur geschichtlichen Einführung vgl. Ueberweg-Geyer S. 469f.
[59] Vgl. R. Carton, L'expérience physique chez Roger Bacon. Paris 1924. Ders., L'expérience mystique d'illumination intérieure chez Roger Bacon. Paris 1924. Ders., L synthèse doctrinal chez Roger Bacon. Paris 1924.
[60] Vgl. Roger Bacon, 4.2.1 (ed. J. H. Bridges, The opus maius of Roger Bacon, 3 Bde.
London 1900) 1.111. Zitiert bei Tachau, aO 396.

VON AQUIN bezeichnete den Sinn des Sehens als den dem Geistigen am meisten angenäherten (maxime spiritualis).[61]

Für OCKHAMS Erkenntnislehre eröffnet sich uns eine neue Möglichkeit des Verstehens, wenn wir ihn in die Entwicklung des Visio-Begriffes, wie wir ihn hier darlegen, einbeziehen. Vermag der menschliche Geist die materiellen Dinge intuitiv zu ‚sehen‘, dann bedarf er zur Aufnahme der materiellen Formen keiner vermittelnden Bilder. OCKHAM beruft sich zwar für seine Ablehnung der species auf das Ökonomieprinzip. Doch wie ist es zu erklären, daß er sich so leicht über den breiten Graben hinwegsetzt, der materielle und geistige Welt voneinander trennt und den die an ARISTOTELES und THOMAS orientierte Tradition mit Hilfe der Abstraktion überbrückte? Dazu kommt, daß er selbst stets den spezifischen Unterschied von Materiellem und Geistigem herausstellte. Darum ist es hilfreich, in die Zeit hineinzuschauen, in der sich die Tendenz zu einer Richtungsänderung vorbereitete.

Zu Beginn des 14. Jahrhunderts ist es DURANDUS DE SANCTO PORCIANO, der die Entstehung der Species auf den Gesichtssinn zurückführt. Von einer im Bereich des Sinnenhaften gewonnenen Erfahrung ist der Species-Begriff in die intellektive Erkenntnis übernommen worden. DURANDUS erklärt sich auf diese Weise den Begriff der geistigen Species, die er freilich gleich OCKHAM ablehnt.[62] Kennzeichnend für den Wandel im Verständnis des Species-Begriffes ist bei DURANDUS die Vermutung, daß er aus einer rein sinnenhaften Erfahrung hervorgegangen sei. „Die Farbe scheint ihre Gestalt sowohl in dem Mittel (an dem sie aufleuchtet) wie in dem Auge hervorzubringen; so erscheint es unseren Sinnen, wenn eine Farbe in einem Spiegel zurückgeworfen wird. Wenn diese Erfahrung nicht gewesen wäre, hätte man niemals die Species als Mittel der Erkenntnis für notwendig gehalten . . .“ Auffallend ist hier die Begründung der Species von der sinnenhaften Erfahrung her. Dies macht die Ablehnung beider Arten von Species verständlich, der geistigen wie der sinnenhaften. Auch geht dabei das

---

[61] Thomas Aq., S. th. I q.78 a.3.

[62] Durandus de Sancto Porciano, Sent. II, d.3, q.6 (ed. Venetiis 1571, fol. 139 rb–va); Tachau S. 395f, Anm. 4. Der Durandus-Text von Frau Tachau lautet: „Istae autem species originaliter introductae videntur esse propter sensum visus et sensibilia illius sensus. Color enim videtur facere speciem suam in medio et in organo, sicut sensibiliter apparet in retractione (l. refractione), quae est in speculo. Nisi enim istud fuisset, forsitan numquam fuisset facta mentio de speciebus requisitis ad cognitionem. Sed quia quidam credunt quod species coloris in oculo respraesentat visui colorem, cuius est species, ideo ponunt tam in intellectu nostro quam angelico quasdam species ad repraesentandum res, ut cognoscantur tam a nobis quam ab angelis. 10. Hoc autem non reputo verum esse, nec in sensu, nec in intellectu nostro, nec in angelico.“ Frau Tachau fügt hinzu: „The Text is quoted by A. Maier: Das Problem der species sensibiles in medio und die neue Naturphilosophie des 14. Jahrhunderts. In: Ausgehendes Mittelalter, Rom 1967, Band 2, 429, n.14.“

Verständnis einer Analogie zwischen dem intellektiven und dem materiellen Bereich verloren. Diese ebnet nämlich den Weg sowohl für das Verständnis wie für die Erklärung der Species, der sinnenhaften und der geistigen.

Der meist zitierte und bekämpfte Autor in OCKHAMS Polemik gegen die species intelligibilis ist JOHANNES DUNS SCOTUS. Dabei taucht ständig ein Begriff auf, mit dem SCOTUS seine Lehre von der species begründet und den OCKHAM aufgreift. Es ist der Begriff der repraesentatio. Am deutlichsten wird dies in Sent. II q.12/13, nach der Edition St. Bonaventure, wo uns zu OCKHAMS Gegenargumenten sogleich die Hinweise auf die entsprechenden SCOTUS-Stellen gegeben werden. Die Diskussion über die species steht in zwei Quästionen über die Erkenntnis der Engel: „Utrum angelus intelligat alia a se per essentiam suam vel per species" (Q. 12) und „Utrum angelus superior intelligat per pauciores species quam inferior" (Q. 13).[63] Die Kontroverse mit SCOTUS befindet sich ziemlich am Ende von Q. 13, doch taucht der Begriff schon früher auf, wobei SCOTUS nicht ausdrücklich genannt wird, nämlich S. 273f: „Non debet species poni propter *repraesentationem,* quia in notitia intuitiva non requiritur aliquod *repraesentans,* aliud ab obiecto et actu, ut supra patet.[64] Igitur nec in abstractiva quae immediate sequitur intuitivam requiritur aliud praeter obiectum et actum. Consequentia patet, quia sicut obiectum sufficienter repraesentat se in uno cognitione, ita in alia quae immediate sequitur intuitivam." Auf eine kurze Formel gebracht besagen diese Worte: Das Erkenntnisobjekt bedarf der species nicht als Mittel der Repräsentation; es repräsentiert sich selbst. Hierin liegt der eigentliche Gegensatz zu der Erkenntnislehre des SCOTUS, aber auch des HL. THOMAS. Für sie gelangt die Gegenstandswelt in die menschliche Wahrnehmung durch ein Mittleres. Für die sinnenhafte Wahrnehmung bedarf es der species sensibilis, für die geistige Erkenntnis der species intelligibilis. Dieses Mittlere hat seinen eigenen Stellenwert, weil es sowohl die Eigenständigkeit des Erkennens wie die des Gegenstandes hervorhebt. Die species verbindet und trennt. Geistiges Erkennen beginnt für den HL. THOMAS schon mit der sinnenhaften Wahrnehmung. SCOTUS hat freilich die Mittlerrolle der species durch den Begriff der Repraesentatio besonders hervorgehoben. Darum richtet sich OCKHAMS Polemik am Ende der beiden Quästionen (13 und 14) vor allem gegen ihn. Unterstrichen wird die gnoseologische Bedeutung eines Mittleren zwischen Gegenstand und Erkenntnisvermögen in dem Satz des SCOTUS: „Certum est enim quod universale

---

[63] Vgl. Ockham, Quaestiones in Librum Secundum Sententiarum (Reportatio), q.12/13. OT V, 251–310.

[64] Zurückverwiesen wird auf eine Stelle in derselben Quaestio, an der die species mit Berufung auf das Ökonomieprinzip abgelehnt wird: S. 268, 2–11.

potest intelligi ab intellectu.[65] OCKHAM setzt genau bei diesem Satz mit
seinem Angriff auf die Species-Lehre des SCOTUS ein. Die ganze Gegen-
argumentation könnte man als ‚terministisch' bezeichnen; sie geht in
diesem Modus an der ontologisch orientierten Beweisführung des SCO-
TUS vorbei. Dies läßt sich an der Gegenüberstellung von zwei Texten
veranschaulichen. Der erste besteht in der Antwort OCKHAMS auf das
eben zitierte SCOTUS-Wort.[66] OCKHAM stellt vier Gegenfragen, von denen aus die beiden ersten interessieren. Die erste lautet: „Was versteht
er (SCOTUS) unter dem Universale? Etwa die species? Diese Antwort
würde auf eine petitio principii hinauslaufen. Ist nämlich die species
dem Intellekt gegenwärtig, weil das Universale dem Intellekt actu gegenwärtig ist, dann ist die species dem Intellekt gegenwärtig, weil die
species dem Intellekt gegenwärtig ist." Nun die zweite Frage: „Versteht
SCOTUS unter dem Universale etwas außerhalb der Seele? Auch das ist
zu verneinen. Es ist unmöglich, daß etwas ganz und gar Ununterschie-
denes irgendwelche Sachen unter verschiedenen und gegensätzlichen
Sinngebungen repräsentiert. Ebenso ist es unmöglich, daß etwas unter
gegensätzlichen Sinngebungen existiert. Er aber lehrt: Repräsentieren
in allgemeiner Hinsicht und repräsentieren in partikulärer Hinsicht
sind Gegensätze; darum kommen sie nicht derselben Art zu.[67] Also
kann ein Sein, das wirklich universal und wirklich partikulär ist, nicht
wirklich demselben zukommen, weil sie beide sowohl im Sein wie im
Repräsentieren entgegengesetzt sind." Hier muß allerdings zu der Klas-
sifizierung dieser Argumentation als ‚terministisch' eine Einschrän-
kung gemacht werden; denn sie ist von OCKHAMS ‚Metaphysik des Einzelnen' getragen, wie es die bald folgenden Sätze deutlich machen: „Da
alle annehmen, daß es in der Außenwelt nur das Einzelne gibt, ist es
unmöglich, daß in der Sache das Universale mit dem Einzelding existiert." Wie wir bereits sahen, ist dieses je Einzelne sowohl der sinnenhaften Erfahrung wie dem Intellekt unmittelbar zur Apperzeption wie
zur Perzeption gegeben. Ein Mittleres zum Wahrnehmen und Erkennen gibt es für OCKHAM nicht.

Um den Unterschied zum Grundansatz bei SCOTUS aufzuzeigen, sei
hier ein Text zitiert, den das SCOTUS-Lexikon von GARCIA bringt. Nach-
schlagwerke sind ja darauf gerichtet, die Eigenlehren der in ihnen dargestellten Autoren und Denkentwürfe scharf zu profilieren.[68] In dem

---

[65] Johannes Duns Scotus, Ordinatio I, d.3, p.3, q.1, n.348 (ed. Vat. III, 209).

[66] Ockham, Sent. II, q.13 (OT V, 298, 11–299, 12).

[67] Scotus, aO n.352 (S. 211f).

[68] Mariani Fernandez Garcia, O.F.M., Lexicon Scholasticum Philosophico Theologicum a
Joanne Duns Scoto, O.F.M. Quaracchi 1910, 648: „Species intelligibilis dupliciter potest sumi: Vel in ratione repraesentativa obiecti, propter quod, secundum aliquos, est

Text wird von einem zweifachen Verständnis der species intelligibilis gesprochen: In Hinsicht auf das Repräsentieren eines Objektes und in Hinsicht auf das Einwirken (auf ein Subjekt). In der ersten Hinsicht gehört die species zum Bereich der Erkenntnis, in der zweiten zum Bereich des Seins. Zwar ist das zweite nur akzidentell zum ersten, doch gehört es in den Bereich der seienden Dinge, insofern es mit anderen Naturdingen gemeinsam hat, einem Erleidenden anzuhängen. So gehört die species intelligibilis – nur von ihr wird hier gesprochen – in den Seinsbereich. Indem sie auf den intellectus possibilis einwirkt, hängt sie einem Erleidenden an. OCKHAMS Kritik geht von dem Grundsatz aus, daß nur Einzelnes eine reale Existenz besitzt. Darum zerstört er alle Argumente, in denen er den Erweis von ‚Entitäten‘ wittert. Das zeigt sich schon zum Beginn seiner Einwände gegen SCOTUS. Der Begriff ‚repräsentare‘ häuft sich in dieser Polemik geradezu, wo es um die Rolle der species sensibilis oder phantastica geht.[69] Die ganze Auseinandersetzung läuft für OCKHAM auf eine Widerlegung jener ‚Repraesentatio‘ hinaus, mit der SCOTUS sowohl die species sensibilis wie die species intelligibilis als Mittel der Wahrnehmung und der Erkenntnis begründet. OCKHAM greift zwar den Begriff der Repraesentatio rein verbal auf: Es genüge vollends, daß sich das Objekt dem wahrnehmenden und erkennenden Subjekt ‚repräsentiere‘. Damit wird jedoch die Rolle eines repräsentierenden Mittleren ausgeschaltet. Die OCKHAM nachfolgende Generation ist ihm darin nicht gefolgt.

4. Die Mittlerrolle der Species

Der Vorzug der bereits zitierten Studie von KATHARINA TACHAU besteht gerade darin zu zeigen, daß die Kritik an OCKHAMS Leugnung der Species von Autoren vorgetragen wird, die nicht in der unmittelbaren Nachfolgeschaft des HL. THOMAS und des JOHANNES DUNS SCOTUS stehen. Da ist als erster JOHANNES READING zu nennen, der in seinem nach 1322 verfaßten Sentenzenkommentar eine „Punkt-für-Punkt-Widerlegung" OCKHAMS gebracht hat.[70] Sie gipfelt in der Feststellung, daß eine intellektive intuitive Erkenntnis eigentlich überflüssig ist.

---

in notitia species; unde quod inhaereat, hoc accidit ei, quia aliter non posset repraesentare. Loquendo secundum hanc acceptationem est de genere intelligibilium. Vel potest considerari in ratione informativa; et quia hoc habet commune cum aliis naturalibus, scilicet inhaerere passo, ideo secundum hoc potest dici de genere entium. Sed quia hoc accidit, principalius dicitur intelligibilium quam ens, licet utrumque sit." De rer. princ. q.14 n.32. – Opus prim. super I Periherm. q.2, n.3.

[69] Vgl. Ockham aO (OT V, 300–304, 23).

[70] Vgl. K. Tachau, aO 404f.

OCKHAM stützte aber seinen Beweis gegen die Mittlerrolle der Species auf die Unmittelbarkeit der geistigen intuitiven Erkenntnis. Nun ergibt sich aber aus OCKHAMS Beweisführung, daß alle Argumente, die er anführt, bereits für die sensitive intuitive Erkenntnis zutreffen. Nach dem Ökonomieprinzip würde sich damit eine geistige intuitive Erkenntnis erübrigen, da die sensitive intuitive Erkenntnis bereits für die Gewißheit einer kontingenten Aussage genügt; denn die sensitive Erkenntnis zeigt uns die Verbindung der Begriffe in der Sache. Zur Gewißheit genügt, daß wir dies sehen.[71]

READING fügt noch ein weiteres Argument hinzu: Wenn wir für die sensitive Erkenntnis der Species eine Mittlerrolle zuerkennen, so läßt sich diese für die geistige Erkenntnis nicht leugnen. READING sieht in der Species wenigstens eine Teilursache der Erkenntnis, auch wenn die geistige intuitive Erkenntnis und der innere Sinn eines Erkenntnismittels nicht unbedingt bedürfen. Die abstraktive Erkenntnis kommt ganz sicher nicht ohne die Vermittlung der Species aus. Gegen OCKHAMS Argument, daß der intellektive Habitus die Species überflüssig mache, behauptet READING die Notwendigkeit der Species und beruft sich dafür – wiederum gegen OCKHAM – auf die Erfahrung. Eine Species als Mittler der abstraktiven Erkenntnis entspricht unserer Erfahrung besser als die Rolle, die nach OCKHAM dabei der Habitus spielt. Seiner Definition nach verleiht ein Habitus lediglich die Geneigtheit zu einer Handlung.[72]

Ein weiterer Autor, dessen Wirkungszeit von den Jahren OCKHAMS in Oxford bis zum Auftreten ROBERT HOLCOTS und CRATHORNS dort reicht, ist WALTER CHATTON, O.F.M. Über die Sentenzen des PETRUS LOMBARDUS las er freilich im Londoner Konvent der Franziskaner in den Jahren 1321–1323. Nach Oxford kam er um 1330, wo er sich für einige Jahre an der Kontroverse der nach-ockhamischen Magister maßgeblich beteiligte.[73] Auch er tritt entschieden für die Mittlerrolle

---

[71] Vgl. Gedeon Gál, Quaestio Joannis de Reading de necessitate specierum intelligibilium. Defensio doctrinae Scoti. FrS 29 (1969) 66–156. Dort auch eine Edition von Sent. I, 3,3, woraus folgender Text entnommen ist (Gál aO 133–34): „sed <hoc> non est nisi quia videt terminos coniungi in re; sed ad talem certitudinem sufficit quod viderit tantum visione sensitiva; igitur intuitiva <intellectiva> non est necessaria propter certitudinem propositionis contingentis. Sed sicut ipse utitur principio Aristotelis et Doctoris Subtilis, pluralitas non est ponenda sine necessitate, igitur non oportet ponere talem cognitionem intuitivam intellectivam, sed sufficit sensitiva." Gál benutzt den Text Florenz, Bibl. Nazionale Conv. soppr. D. 4.95. Vgl. Tachau, aO 404, Anm. 32 u. 33.

[72] Vgl. Tachau, aO 405f.

[73] Zum Leben und Wirken Chattons vgl. William J. Courtenay, Adam Wodeham. An introduction to his Life and Writings. Leiden 1978, 66–74. Tachau aO 406–413.

der Species beim Erkennen ein. Seine Argumentation ist eingebettet in einen ganzen Kreis erkenntnistheoretischer Fragen wie etwa nach der Natur von intuitiver und abstraktiver Erkenntnis und ihrer gegenseitigen Beziehung; nach der Rolle der Phantasie, der Imagination, des inneren Sinnes. Auf jedem dieser Felder verteidigt er die Species als Mittlerin der Erkenntnis, ausdrücklich auch für den inneren Sinn.[74] Besondere Bedeutung haben die Argumente, die für die Mittlerrolle der (sensitiven) Species in der sensitiven Erkenntnis angeführt werden. Hier läge nämlich die Annahme einer unmittelbaren Einwirkung eines materiellen Objektes auf den Sinn nahe.[75] CHATTON stützt sein Gegenargument gerade auf die ‚organhafte‘ Natur des Wahrnehmungsaktes; sie erfordere die Mitwirkung einer ‚Form‘, die dem wahrnehmenden Organ eingeprägt werde.[76] Die Argumente für eine Mittlerrolle der sinnenhaften Species sind somit von besonderem Gewicht. Auch CHATTON weist OCKHAMS Argument aus dem Ökonomieprinzip fast mit den gleichen Worten wie HOLCOT zurück.[77]

Vorsichtiger geht CHATTON allerdings in der Frage der Rolle einer Species für die geistige Erkenntnis vor. Obwohl ein solcher Erweis ihm schwierig erscheint, führt er ihn schließlich auf dem Wege von Ausgrenzungen zu einem positiven Ergebnis.[78] Den ersten Akt des Erkennens kann die Geistseele nicht allein aus sich verursachen, da er die sinnenhafte Wahrnehmung voraussetzt; nicht kann ihn eine intuitive

---

[74] Vgl. Tachau, aO 411.

[75] Vgl. Tachau, aO 410, dort zit. Mss Florenz Conv. soppr. C. 5.357. fol. 195 v und Paris Bibliothèque Nationale lat. 15887 fol. 103 va: „Alia est opinio in contrarium quod nulla species sibi imprimitur, sed aliquod sensibile, puta color, et ille videtur . . .“ Sent. II, d.4, q.1 (Reportatio).

[76] Ebd.: „Contra actus videndi est organicus, quae <causa> est aut quia causatur ad praesentiam alicuius formae impressae in organo, et habeo propositum, quia illam voca ‚speciem‘ . . .“

[77] Ebd. (Florenz fol. 195 vb, Paris fol. 103 va-b): „Item isti innituntur paucitati, sed in proposito multiplicant et plurificant qualitates sine necessitate. Ponunt enim actum et colorem impressum et praeter illum aliam qualitatem disponentem vel indisponentem organum; sed respectu eiusdem sensibilis pro tunc omnia salvari possunt, si organo imprimatur tantum una qualitas, quam dico ‚speciem‘.“ Vgl. Holcot Conferentiae, S. 105,4–7.

[78] Ebd. (Florenz fol. 196 ra; Paris fol. 104 ra): „Licet reputem difficile probare ibi speciem talem, non minus tamen intellectus habet principium sufficiens causandi primum actum suum quam pars sensitiva. Igitur quod causare sufficit primum actum intellectus abstractivum non ab anima tantum, quia ante sensationem non potest causare illum actum sicut modo potest; nec intellectio intuitiva, quia alias probavi quod talem non habemus in via; nec habitus, quia loquor de primo actu; nec sensatio, quia pars intellectiva habet penes se principium sufficiens; igitur species ibi adquisita mediantibus sensationibus.“

Einsicht verursachen, da wir eine solche im Pilgerstand nicht haben; nicht die sinnenhafte Wahrnehmung, weil der intellektive Teil ein hinreichendes Prinzip in sich selbst besitzt. Also ist es die Species, die mittels der sinnenhaften Wahrnehmung gewonnen wird.

Auch AUREOLIS[79] Behauptung, daß die intuitive Erkenntnis sich auf eine abwesende, nicht wirklich gegenwärtige Sache richten könne,[80] erklärt CHATTON mittels der Species.[81] An dieser Stelle verdient die Tatsache Beachtung, daß vorwiegend von der sensitiven Species oder von der Mittlerrolle der Species bei der sensitiven Erkenntnis die Rede ist, also bei jenen Erkenntnisvorgängen, bei denen die Unmittelbarkeit von (materiellem) Objekt und Wahrnehmung doch naheliegt. Daher haben wir es, abgesehen von CHATTON, mit Autoren zu tun, die in Abhebung einer an der Ontologie des ARISTOTELES und des THOMAS VON AQUIN orientierten Tradition eine eher sensualistische Komponente ins Spiel bringen. Man braucht nur die eben zitierten Ausführungen AUREOLIS über die Beweiskraft der sinnenhaften Erfahrung mit dem Text in der Metaphysik des ARISTOTELES,[82] auf den er sich beruft, zu vergleichen. Der Unterschied im Prinzipiellen springt in die Augen. Während AUREOLI die Übereinstimmung mit der Sinneserfahrung als Zeichen der wahren Aussage hervorhebt, ist für ARISTOTELES das Übersteigen der sinnenhaften Erfahrung der Beginn des eigentlichen Wissens und der Wissenschaft.

CRATHORNS Lehrmeinung über die Mittlerrolle der Species beim Erkennen ist von einem massiven ‚Realismus' sensualistischer Tendenz geprägt. Die Species sind von derselben Art wie die Objekte; darauf beruht der Wirklichkeitsbezug der Erkenntnis. Sein Gegner ROBERT HOLCOT begründet die Natur der Species und ihre Relation zum Erkenntnisobjekt völlig anders.[83] Zum Verständnis geht man am besten

---

[79] Zum Leben und Wirken Aureolis vgl. Peter Aureoli, scriptum super Primum Sententiarum, ed. by Eligius M. Buytaert, O.F.M. Franciscan Institute St. Bonaventure, N.Y., U.S.A. Louvain–Paderborn 1952, Introduction, S. VII–XVI.

[80] Vgl. ebd. Sent. I, Prooemium, Sect. 2, ed. Buytaert n.80f, pag. 198: „Sed istis non obstantibus dicendum est quod intuitiva notitia fieri potest re absente, quod quidem potest duplici via declarari. Prima siquidem via experientiae, cui adhaerendum est potius quam quibuscumque logicis rationibus, cum ex experienta habeat ortum scientia, et communes acceptationes quae sunt principia artis inde sumantur, secundum Philosophum I Metaphysicae. Unde signum est sermonum verorum convenientia cum rebus sensatis. Nunc autem docet experientia quod intuitiva quae est in sensu et visio sensitiva non necessario coexigunt rei praesentialitatem. Et sunt ad hoc experientiae quinque." (Diese werden im folgenden von Aureoli vorgestellt.)

[81] Vgl. Tachau, aO 408, Anm. 51.

[82] Aristoteles, Met. I c.1 (981 a 1–12, 25–30, b 10–17).

[83] Die Texte befinden sich in den von mir benutzten Handschriften an zwei verschiedenen Stellen, nämlich einerseits in Sent. IV, q.10 (Royal British Museum), andererseits im Prologus (Oxford, Oriel College).

vom Begriff der Ähnlichkeit (similitudo) aus. Erkenntnisbild und Er-
kenntnisgegenstand müssen natürlich einander ähnlich sein. Da diese
Ähnlichkeit nicht im eigentlichen Sinne besteht, weil das eine ein Gedankengebilde und das andere ein materieller Gegenstand ist, kann
der Begriff ‚Ähnlichkeit' nur in äquivoker Weise gebraucht werden.
Wiederholtes Erfahren des gleichen Gegenstandes führt zu ähnlichen
Erinnerungsbildern, die zwar untereinander eine wahre Ähnlichkeit
haben (gleich der multiplicatio specierum CRATHORNS, die aber rein
materieller Natur sind – vgl. o. S. 13f), die aber zu den Erkenntnisob-
jekten nur ähnlich in äquivokem Sinne sind. Sie repräsentieren die äußeren Objekte, sind aber nicht von deren Wesensart. Die Textstelle
bei HOLCOT wird hier in ihrem ganzen Umfange gebracht, weil sie
nicht nur für sein Verständnis der Species aufschlußreich ist, sondern
auch seine Vorstellung vom Universale erkennen läßt.[84]
Auch bei WODEHAM sind die Überlegungen zur Mittlerrolle der Species
eingebettet in umfassendere erkenntnistheoretische Fragen, so etwa
nach dem Verhältnis von intuitiver und abstraktiver Erkenntnis, von
intellektiver und sinnenhafter Wahrnehmung; ferner nach dem Spiel
der seelischen Kräfte im Erkenntnisvorgang und deren Relation zur
Geistseele. Dabei vergleicht WODEHAM seine Position ständig mit den
Lehren des JOHANNES DUNS SCOTUS, OCKHAMS und seiner unmittelbaren Zeitgenossen wie CHATTON. Diese Thematik ist bereits in unüber-
trefflicher Weise von K. TACHAU dargelegt worden,[85] so daß eine Be-
handlung hier nur auf eine Wiederholung hinausliefe. Doch sei in diesem Zusammenhang auf Äußerungen WODEHAMS hingewiesen, in denen er im Anschluß an CHATTON ein vermittelndes Element für die
Wahrnehmung des Sehens fordert, das er ‚Form', ‚Qualitas' und zitationsweise auch ‚Species' nennt. Das Sehen allein genügt nicht für das

---

[84] Robert Holcot, aO. (RBM fol. 131 va 38–62; O fol. 207 rb 20–38: „Illa res, quae est
species in intellectu, non est naturalis similitudo obiecti eo modo, quo duo alba dicuntur similia vel aliquid huiusmodi, quibus demonstratis vere dicitur: Ista sunt similia.
Sed similitudo omnino dicitur aequivoce de talibus qualitatibus spiritualibus et qualitatibus extra. Immo duae species sunt similes inter se vere et una species est similitudo alterius, sed non est similitudo obiecti sive rei extra, proprie loquendo et univoce, quia sic forent eiusdem speciei. Sed quia sic experimur in nobis et quando habemus notitiam alicuius rei absentis et occurrit nobis alia res sibi consimilis, causatur
in nobis actualis notitia rei absentis . . . Et propter hanc experientiam transtulerunt
philosophi ista nomina: species, ydolum, imago, exemplar ad significandum tales qualitates requisitas ad intelligendum, licet in nullo sunt similes rebus extra in essendo et
dicuntur apud philosophos similes in repraesentando, non in essendo, id est quod non
sunt essentia talis naturae, qualis naturae sunt obiecta extra."
[85] Vgl. Tachau, aO 425–432.

Phänomen, bei dem ein gesehener Gegenstand in der Vorstellung bleibt;[86] denn es ist ein vorübergehender (nicht reflexiver) Akt.[87] Aus zwei Gründen spricht sich WODEHAM für die Existenz der Species aus: Sie vermittelt Wahrnehmung und Erkenntnis eines Objektes und sie ist Trägerin der Erinnerung.[88] Als Ergebnis der subtilen Untersuchungen von K. TACHAU können wir festhalten, daß WODEHAM bei aller Aufgeschlossenheit für seinen Ordensbruder OCKHAM kein ‚sklavischer Ockhamist' war. In Gemeinschaft der nachockhamischen Franziskanerschule folgte er in der Species-Lehre dem großen Meister nicht.

Auf zwei weitere Denker unter den ‚Nachockhamisten' sei noch hingewiesen, die auf den Spuren ihres großen Ordensbruders und Lehrmeisters wandelten, ohne seine Lehre lediglich nachzuahmen: ROBERT VON HALIFAX, der Anfang der dreißiger Jahre in Oxford studierte, und sein Zeitgenosse und Mitbruder ROGER ROSETUS. TACHAU hat beider Wirken und philosophiegeschichtlichen Standort umschrieben.[89] Hier genügen uns einige Hinweise auf ihre Lehre zur Bedeutung der Species. HALIFAX hält diese beim Gesichtssinn für ein unentbehrliches Mittel der Wahrnehmung; die Species erst verwirklicht sie, indem sie beim Sehen das Objekt mit dem wahrnehmenden Sinn vereinigt.[90] HA-

---

[86] Adam Wodeham, Lectura secunda (vgl. Courtenay, Wodeham, 25–26; 123–130) Ms Cambridge, Gonville and Caius College 281/674. Prol. 3 (fol. 113 vb): „Primum istorum argumentorum non probat quod visio possit naturaliter causari obiecto non existente vel absente, sed quod prius causata possit naturaliter conservari aliquamdiu . . . propter quod pono secundam conclusionem contrariam sibi scilicet quod visio prius causata a visibili non potest naturaliter conservari visibili destructo vel absente (ed. Wood I, 71).

[87] Wodeham begründet also (gegen Ockham) gerade mit der Unmittelbarkeit des Wahrnehmungsaktes die Notwendigkeit der Species. Vgl. dazu die Argumente Readings, Anm. 71.

[88] Wodeham, aO: (Responsio) „Ad illud videtur posse responderi ex positione sua quod ideo visio prius causata potest per aliquod tempus manere re visa recedente eo quod species intensa, per quam visio immediate causatur, remanet per aliquod tempus recedente visibili" (ed. Wood I, 73).
Vgl. ebd. (fol. 114 ra) „. . . species potest manere per te (scil. Chattonem) et secundum veritatem saltem per aliquod tempus sine praesentia causae" (ed. Wood I, ebd.).
Ebd. (fol. 114 rb): „Dico igitur quod beatus Augustinus non dicit nec vult, nec experientia etiam <docet> quod ipsummet corpus lucidum, quod prius videbatur, adhuc videatur absente visibili, sed quaedam reliquiae istius formae, quae facta erat in sensu, id est in organo seu instrumento, quia visus non est reflexivus super actum suum; sed aliquid visibile versatur in conspectu, scilicet reliquiae formae prius causatae in organo."
Vgl. ebd.: „Dicendum est igitur ad istud experimentum quod in organo oculi remanent quaedam qualitates causatae a corpore visibili intensae, quae videntur post amotionem visibilis, quae vocantur a quibusdam «species»."
Vgl. Tachau, aO 429f. Zu diesen Zitaten vgl. die vor kurzem erschienene Wodeham-Edition von Rega Wood, Bd. I, 75.

[89] Vgl. Tachau, aO 432–439.

[90] Vgl. aO 434, Anm. 138, Robert von Halifax, Quaestiones super Sententias 2,1 (Ms Paris, Bibliothèque Nationale lat. 15880, fol. 123 vb): „Nam sicut oportet quod sensi-

LIFAX nennt die Species natürliche Ähnlichkeits(-bilder) der Dinge.[91] In seinen Ausführungen melden sich freilich zwei ockhamische Elemente zu Wort. Das eine ist häufig umschrieben worden mit der Redewendung: ‚Metaphysik des Einzelnen.' Die sinnenhafte Species erbringt immer nur die Ähnlichkeit eines Einzelnen.[92] Sie dringt ferner nicht bis zum Wesen, zur Substanz des Objektes vor. Hier bricht die ockhamistische Skepsis gegenüber dem Substanzbegriff durch, wie wir sie schon bei CRATHORN kennen lernten.[93] HALIFAX stellt zwar die Mittlerrolle der Species sowohl für die sensitive Wahrnehmung wie für die intellektive Erkenntnis heraus.[94] Doch die intuitive sinnenhafte Erkenntnis dringt nur bis zu den Akzidenzien.[95] Wir übergehen die weitergehenden Fragen, die von dieser Problematik angestoßen werden.[96] Für uns sind hier die Aussagen über die Mittlerrolle der Species von Bedeutung, sowohl für die intellektive wie – vielleicht wichtiger noch – für die sensitive Erkenntnis.

ROSETUS argumentiert für die Mittlerrolle der Species anläßlich einer Frage, die in seiner Zeit diskutiert wurde: Ist das Sehen (die Sehenswahrnehmung) ein augenblicklicher Akt oder setzt es sich aus vielen aufeinanderfolgenden Akten zusammen? ROSETUS vertritt die zweite Lösung:[97] Wird ein sichtbares von Gott geschaffen (und vor unser

---

bile uniatur aliquo modo sensui ad hoc quod actualiter sentiat, puta per rei visae speciem quae est forma et principium visionis in oculo."

[91] Ebd. (fol. 122 vb): „... <species concreatas> cum sint naturales similitudines rerum et repraesentent naturaliter rebus naturalibus transmutantibus."

[92] Ebd. (fol. 126 vb): „Nam cognitio cuiuslibet cogniti se extendit secundum modum formae, quae est principium cognitionis, sicut species sensibilis, quae est in sensu, est solum similitudo unius individui."

[93] S. o. S. 27.

[94] Ebd. (fol. 29 ra): „Unde facit species in actu movere intellectum, sicut species extra movent memoriam et oculum."

[95] Ebd. (fol. 31 va): „Dico quod intuitiva notitia sensibilium non causat evidentem <notitiam> de quidditate cognitorum, sed causat notitiam evidentem de accidentibus, quia accidentia sunt sensibilia et obiecta sensuum per se."

[96] Vgl. Tachau, aO 435f.

[97] Vgl. aO 437, bes. Anm. 145 u. 146; Rosetus Sent. I, 1,2 (Ms Oriel College [Oxford] 15, fol. 273 va): „Commentator dicit quod sensatio fit in instanti et non praecedit eam actio aliqua diminuta; sed si ibi caperetur ,instans' pro ,parvo tempore' ita quod illud foret dicere: „sensatio fit in instanti, id est in parvo tempore", igitur productiones sensationis quae forent actiones diminutae."
Ebd. (fol. 274 ra): „Ad secundum admitto casum totum, quem ponit argumentum, et cum assumitur quod, si illud visibile sit creatum a deo instantanee, videtur in illo instanti, in quo creatur, potest dici quod non, et hoc ponendo quod visio sit per multiplicationem speciei in medio, quia in illo instanti illud sic creatum non multiplicat suam speciem usque ad oculum, ex quo talis multiplicatio requirit tempus."
Die Unmeßbarkeit der Zeitintervalle bei der Abfolge der Species wird noch durch ein anderes Beispiel belegt: Ein ferneres Objekt wird nicht später erkannt als ein näheres.
Ebd. „... dico quod si visio fiat per multiplicationem specierum in medio, non sequitur quod illud obiectum, quod plus distaret a visu, tardius videretur, quia talia <obiec-

Auge gestellt), dann wird es zwar von uns faktisch sofort gesehen. Dennoch vollzieht sich der Prozeß vom Augenblick des Geschaffenseins bis zu unserer Sehenswahrnehmung in einer zeitlichen Abfolge, wenn auch die einzelnen Zeitintervalle wegen ihrer Kürze und Dichte von uns nicht wahrgenommen werden. Die Vermittlung vom Sehensobjekt wird durch eine Vervielfältigung der Species bewirkt, die ‚multiplicatio specierum', der wir schon in anderer Weise bei CRATHORN begegnet sind.[98]

5. Holcots zusammenfassende Kritik

Diesen Teil der erkenntnistheoretischen Argumentationen möchte ich mit einem Hinweis auf HOLCOTS Kritik beschließen. Sie wird im 3. Artikel gebracht [104–107]. HOLCOT legt dort den Finger auf den neuralgischen Punkt der von CRATHORN vorgetragenen Meinung über den Erkenntnisprozeß. Er lobt zwar, daß sich sein Socius an das Ökonomieprinzip halten wolle, etwa in der Gleichsetzung der Seelensubstanz mit den Potenzen [104,14ff], stellt jedoch fest, daß dessen Argumentation gerade auf das Gegenteil hinauslaufe; denn nun sind mehr Faktoren beim Zustandekommen der Erkenntnis beteiligt, als es in der Wirklichkeit der Fall ist. HOLCOT weist dabei besonders auf die Rolle hin, die CRATHORN [*339–342*] der notitia genita (= ‚verbum productum' in den Conferentiae) und dem amor spiratus (= ‚actum voluntatis distinctam rem ab anima' in den Conferentiae) zuteilt [105,9–13].

HOLCOT bringt noch einen zweiten Einwand vor. CRATHORN nehme „neue Umkehrungen der Namen vor oder erneuere die alten" (‚facit … novas nominum transpositiones vel magis renovat antiquas') [105,6f]. Über die ‚Umkehrung' der Namen unterrichtet uns die Logica Modernorum unter den Ausdrücken ‚transpositio' und ‚translatio'. Ich begnüge mich hier mit dem Hinweis auf die Fundstellen.[99] Ein Beispiel mag dazu dienen, den logischen Vorgang einer transpositio zu verdeutlichen. Es ist entnommen der ‚Summa Sophisticorum Elenchorum',

---

ta> multiplicant species per totum medium." Noch deutlicher im folgenden Text (ebd.): „Si autem ponatur quod visio non sit per talem multiplicationem specierum, tunc potest poni quod unum obiectum citius videbitur quam aliud; sed non oportet quod hoc percipiatur, quia utrumque illorum causabit visionem sui in tempore imperceptibili, quantumcumque unum distet ab alio, etiam usque ad caelum." Was für die Distanz zwischen Objekt und Auge gilt, das trifft erst recht für die Distanz zwischen den Species bei der anderen Opinio (für die multiplicatio specierum) zu. Die inpercibilitas solcher Zeitintervalle erinnert an die theoretische Relevanz der Lichtgeschwindigkeit.

[98] Vgl. o. S. 14f.

[99] Vgl. L. M. De Rijk, Logica Modernorum. A contribution to the History of Early Terminist Logic. Vol. I: On the Twelfth Century Theories of Fallacy. Assen 1962, 673 (Index, verba: ‚translatio', ‚transpositio').

dist. secunda: De iudicio, und lautet: „Aio te, o Eacida, Romanos vincere posse." „Ich sage, daß du, o Eacida, die Römer besiegen kannst."
Durch Umkehrung (per transpositionem, id est per quandam conver-
sionem) bringt der gleiche Satz eine umgekehrte Aussage: „Ich sage, o
Eacida, daß dich die Römer besiegen können."[100] Das Wortspiel läßt
sich korrekt nur im Lateinischen durchführen. Der Sinn einer Transpositio beschränkt sich aber nicht nur auf das hier gebrachte Beispiel. Er
liegt überall vor, wo die in Aussagen gebrauchten und geordneten Begriffe mehrere oder gar gegenteilige Deutungen ermöglichen. So kann
man auch die Äquivokation als einen Fall ansehen, in dem durch die
Transpositio eine Aussagebedeutung gleichsam verschoben wird. Die
Bedeutung kann nur im Satz-Zusammenhang erkannt werden. Es ist
klar, daß Transpositio, Transsumptio, Translatio eng mit den verschiedenen Suppositionsweisen zusammenhängen. Die Logica Modernorum
bringt zahlreiche Beispiele für den Bedeutungswechsel von Begriffen.
Schon ABÄLARD hat sich eingehend damit beschäftigt und dabei wiederholt auf BOETHIUS zurückverwiesen.[101] Sicher läßt sich auch die Kritik OCKHAMS und seiner ‚Schüler' an der ‚realistischen' Deutung der
Kategorienlehre des ARISTOTELES auf dem Hintergrund von Translatio,
Transsumptio, Transpositio tiefer verstehen.[102] So scheint mir HOLCOT
den Begriff der Transpositio auf CRATHORNS Erkenntnislehre, näher-
hin auf seinen Umgang mit den Species als Mittel der Erkenntnis, kritisch anzuwenden. Die Ausdrücke der klassischen Tradition sind in
CRATHORNS Darstellung der Erkenntnis zwar vorhanden, erhalten jedoch in ihrer Bedeutung und gegenseitigen Zuordnung einen Wandel
fast bis zum Gegenteil ihrer bisher üblichen Aussagetendenz.

B Theologische Themen

6. Der Akt des Glaubens

Im zweiten Artikel wendet sich HOLCOT dem Akt der Glaubenszustimmung zu [82–104]. Der Fragepunkt besteht in dem Verhältnis von
Erkenntnis und Wille. Damit verknüpft wird die gegensätzliche Bestim-
mung des Glaubensgeheimnisses als ‚contra naturam' oder ‚supra naturam'. HOLCOT hat diese Frage ausführlich in seinem Sentenzenkommentar erörtert, und zwar im ständigen Disput mit einem Opponenten. HOLCOTS Lehre über den Glauben wurde von mir bereits ausführlich dargestellt.[103] Bei der Analyse seiner Aussagen in den Conferen-

---

[100] Vgl. aO 434, 5–7.
[101] Vgl. aO 52f.
[102] Vgl. o. S. 15f.
[103] Vgl. Die theologische Methode . . . bes. 171–256; siehe auch Register.

tiae kann ich hier einige Erläuterungen und Ergänzungen vorneh-
men.

Zum ersten Fragepunkt läßt sich HOLCOTS Antwort mit einem Satz
umschreiben: Der Wille wird nie ohne eine Erkenntnis, eine Einsicht
aktiv. Dies gilt auch für den Glaubensakt. Zwar ist dem menschlichen
Geist die Einsicht in das Glaubensgeheimnis verschlossen, dennoch
wirkt die Vernunft in mittelbarer Weise bei der Glaubenszustimmung
mit, indem sie sich auf das Zeugnis Gottes in den Wundern und auf
das Zeugnis zuverlässiger Männer stützt [84,3–5; 91,8–13].[104] Die Ver-
nunfteinsicht richtet sich also nicht auf das Offenbarungsgeheimnis,
sondern auf das vermittelnde Zeugnis. Dies entspricht der anderen
Lehre HOLCOTS, daß die Glaubensartikel nicht nur supra naturam,
sondern contra naturam sind.[105] Anders urteilt sein Opponens, den
HOLCOT sowohl im Sentenzenkommentar wie in den Conferentiae
[84,6–87,2; 89,5–90,8] zitiert. Die Formulierung weist scheinbar eine
große Ähnlichkeit mit der Lehre HOLCOTS auf: „Er (der zitierte Socius)
fügt auch hinzu, daß einsichtige Gründe und Wunder im Willen eine
Zustimmung ähnlich der in einer Meinung hervorrufen können,
. . . niemals aber eine feste Zustimmung, außer wenn der Wille es be-
fiehlt."[106] Der Name des Socius wird im Codex P genannt. Es ist der
Franziskanertheologe WALTHER CHATTON, der noch zur Zeit HOLCOTS
in Oxford wirkte und dort in hohem Ansehen stand.[107] HOLCOT setzt
sich mit dessen Thesen sowohl im Sentenzenkommentar wie in den
Conferentiae auseinander und hebt die eigene Lehre deutlich ab.
Worin besteht der Unterschied?

---

[104] Vgl. Holcot 1 Sent. q.1 a.6 (ℑ fol. a V vb 27–31): „Et ideo credo quod una magna
causa assensus in his, quae fidei sunt, modernis temporibus in multis fidelibus est,
quia sciunt tam peritos viros et veraces, qui nec falli potuerunt nec fallere voluerunt,
talia credidisse."

[105] Ebd. q.1 a.1 (ℑ fol. a II va 23–27): „Sed articuli fidei sunt maxime propositiones
inevidentes inter omnes propositiones, quae creduntur esse verae; nam sunt contra
omnem rationem naturalem quod una res sit tres res et quaelibet illarum trium vel
quod virgo pariat dei filium et huiusmodi." Vgl. u. S. 88,8f.

[106] Vgl. ebd. (ℑ fol. a II vb 39–44. P fol. 2 va 31–36):

ℑ	P
„Addit opinio quod rationes et miracula possunt causare in non assentiente vel in non affectato opinionem, si praedicetur, sed tamen non assensum firmum, nisi assit imperium voluntatis, quia nisi posset causare opinionem, frustra praedicaretur, sed essent alliciendi per dona infideles."	„Addit etiam CHATTON quod rationes et miracula possunt causare in voluntate assensum opinatum, si praedicentur, sed nuncquam assensum firmum, nisi ex imperio voluntatis. Et nisi causarent opinionem, frustra praedicarentur, sed essent alliciendi per dona infideles." Vgl. Walter Chatton, Prol. q.1. a.6; ed. Wey 75 (92–100).

[107] Vgl. o. S. 33–36.

Eine aufmerksame Analyse kann uns den Aufschluß geben. Nach dem
von HOLCOT zitierten Text ruft die Verkündigung des Glaubens in
dem gutwilligen Hörer eine Zustimmung hervor, die sich aber noch
auf der Ebene der Meinung bewegt: assensum opinatum. Diese Formulierung finden wir in P, nicht in RBM und ᧏, wo an dieser Stelle nur
‚opinio' steht. Doch in jedem Falle steht die Aussage, daß die Glau-
benspredigt, also die Verkündigung des Geheimnisses beim Glauben-
den inhaltsbezogene Vorstellungen hervorruft. In diese Richtung weist
auch der Begriff ‚rationes', den CHATTON mit dem der ‚miracula' verbindet. In diesem Zusammenhang gebraucht deutet ‚rationes' auf inhaltliche Motive hin, die den Glauben dem Glaubenswilligen annehm-
bar machen. HOLCOT weist dagegen der Ratio nur eine Mitwirkung zu,
die von außen her für die Zustimmung des Glaubens von Bedeutung
ist. Allerdings kann sich aus solchen von außen her wirkenden Motiven
die Notwendigkeit der Zustimmung ergeben, während nach CHATTON
die Zustimmung durch einen Akt des Willens bewirkt wird. Damit
scheint mir der Franziskaner CHATTON dem Dominikaner THOMAS
VON AQUIN näher zu stehen als der Dominikaner ROBERT HOLCOT. Sowohl im Sentenzenkommentar wie in der Summa Theologiae weist der
HL. THOMAS den Glauben dem Intellekt zu, weil es um das Erkennen
Gottes geht. Der Wille bewirkt die feste Zustimmung. Ganz gewiß ist
dem menschlichen Geist der Eintritt in das Wesen des Offenbarungs-
geheimnisses verwehrt. Dennoch ist er es, in dem sich Gott in einer
Weise, die seine Verborgenheit nicht aufhebt, zu erkennen gibt. Der
Intellekt gibt die Zustimmung; darum werden die Glaubenswahrheiten
in gewisser Weise erkannt. Wendet man mit AUGUSTINUS den Ausdruck ‚Sehen' auf das Erkennen an, so darf man in bezug auf die Glau-
benserkenntnis nur von einem ‚Sehen im Spiegel und Gleichnis' sprechen. THOMAS lehnt aber ein vollständiges Nichtwissen der Glaubens-
geheimnisse ab.[108]
Auf dieser Linie ist HOLCOT nicht unterzubringen, wohl aber CHAT-
TON. Dieser könnte durch seine lange Wirksamkeit in Oxford und
wohl auch infolge einer gewissen Mittelstellung in den theologischen
Fragen eine Art ‚Vater-Rolle' unter den Magistern am Anfang der drei-

---

[108] Thomas Aq., Sent. III, dist, 24, a.2 q.3 (ed. Moos, Parisiis ⁶1933, 770 n.66): „Ea ergo
quae fidei sunt, intellectui proponuntur non quidem in seipsis, sed quibusdam verbis,
quae ad eorum expressionem non sufficiunt, et quibusdam similitudinibus ab eorum
repraesentatione deficientibus; et ideo dicuntur cognosci ‚in speculo et in aenigmate'.
Et propter hoc non videntur, proprie loquendo, sed tamen intellectus assentit eis. Et
propter hoc imperfecte cognoscuntur, nec omnino ignorantur."
Ebd. (ed. Moos, 767, n.44): „Omnis habitus in potentia cognitiva existens facit cognoscere suum obiectum. Sed fides est in potentia cognitiva existens sicut in subiecto.
. . . Ergo ea quae sunt fidei aliquo modo cognoscuntur."

ßiger Jahre in Oxford gespielt haben. Darum ging wohl HOLCOT in so sachlicher und ausführlicher Weise auf seine Lehren ein.

7. Das irrige Gewissen (1)

Im letzten Artikel[109] wendet sich HOLCOT rein theologischen Inhalten zu. Im Mittelpunkt steht die Frage nach der Verpflichtung des irrigen Gewissens. Sie wird an einem für uns befremdend klingenden Beispiel durchexerziert: Verpflichtet das Gewissen auch in dem Fall, wo ich ein Geschöpf (vielleicht sogar den Teufel) für Gott halte und ihm darum Hingabe und Anbetung und Liebe erweisen muß, wie sie eigentlich nur Gott gebührt? In seiner Argumentation spitzt HOLCOT den Fragepunkt zu. Zuerst geht es ihm um die Schuldlosigkeit des irrigen Gewissens, sodann um dessen Verpflichtung und endlich um die Verdienstlichkeit des aus ihm hervorgehenden moralischen Aktes [109,9f]. Umständlich genau wird die Situation eines angenommenen Falles beschrieben: Der Teufel erscheint einem Menschen in der Gestalt Christi. Er verursacht mit Gottes Zulassung in dem Geist eines einfachen Menschen den festen Glauben, daß diese Gestalt Christus sei. Dieser Mensch würde ihn anbeten, ihn wie Gott verehren und lieben; er würde sich damit himmlische Verdienste erwerben: Sein Gewissen könnte ihm befehlen, so zu handeln, falls nicht, würde er schwer sündigen [109,10-18].

HOLCOT kommt auf diese Argumentation im Laufe des Artikels wiederholt zurück. Zuerst aber stellt er uns den ‚Socius‘ vor, mit dem er nun diskutiert. Es ist nicht derselbe wie in den vorausgegangenen drei Artikeln, sondern ‚ein anderer‘, und er gehört dem Franziskanerorden an [110,1]: non placet cuidam alteri socio fratri minori. Dieser Hinweis fehlt jedoch in einigen Handschriften, auch in der Inkunabel. Es dürfte derselbe sein, den wir im vorhergehenden Abschnitt bereits kennenlernten: Walter Chatton.

HOLCOT zitiert zunächst die Argumente des Gegners, der sich auf AU-GUSTINUS und GRATIANUS stützt [110,3-111,5]. Dann antwortet er mit einer Unterscheidung: Sein Gegner ginge zwar gegen seine (HOLCOTS) Worte vor, nicht jedoch gegen deren Sinn, den HOLCOT mit den Worten verbunden habe, als er sie aussprach. Zu seinem Socius gewandt sagt er. „Wir plagen uns mit einer Äquivokation des Begriffes ‚frui‘ ab. Er kann in zweifacher Weise gebraucht werden, erstens als Namensdefinition in dem Sinne: ‚Etwas um seiner selbst willen lieben.‘ Zweitens auf die mit dem Namen gemeinte Sache hin: ‚Jemandem das höchste Gut wünschen, wie man es nur Gott wünschen darf‘" [111,10-112,10]. Die dann folgenden Ausführungen zeigen aber, daß

---

[109] Zur Anzahl und Numerierung der Artikel vgl. o. S. 5f.

HOLCOT in dem diskutierten Fall für beide Weisen des Frui den Ent-
schuldigungsgrund des irrigen Gewissens verteidigt. Es ist nicht leicht,
seinen Beweisen zu folgen, die in ein Geflecht spitzfindiger logischer
Operationen eingeflochten sind. Für das theologische Verständnis
dürfte es hilfreich sein, zunächst einmal das Begriffspaar ‚Uti – Frui‘ zu
erörtern.

8. Uti – Frui

In der Gegenüberstellung dieser beiden Wörter zeigt sich ein Problem,
das die Geister bis zur Neuzeit bewegt hat. Die deutsche Übersetzung:
Gebrauchen – Genießen, gibt die Bedeutung dieser Dialektik in ihrer
Eigentlichkeit nicht korrekt wieder; sie birgt die Gefahr in sich, in nai-
ves ‚Mißverständnis‘ abzuleiten. Wir gehen daher zum besseren Verständnis von den Beschreibungen aus, die der HL. AUGUSTINUS gegeben
hat und die von den Magistern der Scholastik übernommen wurden.
Mit ‚Fruitio‘, ‚Genießen‘, wird im theologischen Sinne die Liebe oder
Hinwendung zu einem Wesen um seiner selbst willen bezeichnet. ‚Genießen heißt in Liebe einem anhängen um seiner selbst willen.‘ ‚Frui
autem est amore inhaerere alicui rei propter se ipsam.‘[110] Uti, Gebrauchen, besagt unser Verhalten allen Dingen oder Wesen gegenüber, die
nicht Gott sind. Diese sollen wir in unserem Leben gebrauchen – in
rechter Weise auf Gott hin. Gott dürfen wir niemals gebrauchen. PE-
TRUS LOMBARDUS bringt in seinem Sentenzenwerk eine Fülle von AUGU-
STINUS-Zitaten. An den Anfang setzt er, auf AUGUSTINUS aufbauend,
eine These, die für diese Thematik der Folgezeit die Grundlage aller
Diskussionen gab: „Es gibt solches, was zum Genießen ist; anderes, was
zum Gebrauchen ist; anderes, was sowohl genossen wie gebraucht
wird.“ „. . . res aliae sunt, quibus fruendum est; aliae, quibus utendum
est; aliae, quae fruuntur et utuntur.“[111] Für heutiges Verständnis übersetzt sollte es lauten: „Es gibt solches, was um seiner selbst willen geliebt werden sollte; anderes, was auf jenes Ziel hin gebraucht werden
soll; schließlich solches, was sowohl geliebt wie gebraucht werden
kann.“ Wie ist dieser letzte Satz zu verstehen, da doch nur Gott allein
um seiner selbst willen geliebt werden kann und niemals gebraucht
werden darf, wie AUGUSTINUS ausdrücklich und wiederholt erklärt. PE-
TRUS LOMBARDUS wird nicht müde, die Aussagen aus den verschieden-
sten Werken des HL. AUGUSTINUS zu zitieren.[112] In der Edition von

---

[110] Augustinus, De doctr. christ. I, cap. 4 (PL 34,20). Cf. De Trin. X, cap. 10, n.13 (PL
42,981).

[111] Petrus Lombardus, Libri IV Sententiarum. Ad Claras Aquas 1916 I, d.1, cap. 2, ed.
cit. 15. Dort auch der Hinweis auf die Quellen und Parallelen, z. B. Hugo von St.
Victor, Sum. Sent. tr. 1 c.10 (PL 176,57).

[112] AO cap. 3, ed. cit. 17.

Quaracchi lesen wir ein sehr klares Augustinuswort: „Wenn du einem Gut anhängst und dieses um seiner selbst willen liebst und darin verbleibst und das Ziel deiner Freude dort aufrichtest, dann läßt sich von dir sagen, daß du wahrhaft und eigentlich dieses um seiner selbst willen liebst; dies aber ist allein zur Dreifaltigkeit hin erlaubt, zu jenem höchsten und unveränderlichen Gute."[113] Anlaß zu der Frage, wie dieses Zusammen von Uti und Frui verstanden werden kann, ist ein Wort der Hl. Schrift. Paulus sagt zu Philemon (Vers 6): „Bruder, ich liebe dich um deiner selbst willen im Herrn." „Ita, frater, ego te fruar in Domino." Petrus Lombardus kehrt bei der Zitation dieses Schriftwortes zu Augustinus zurück.[114] Um seiner selbst willen lieben heißt, bei einem Wesen mit der Kraft der Hingabe innehalten. Das besagt der Ausdruck ‚frui'. Nur auf Gott kann sich ein solcher Akt richten. Durch den Zusatz: ‚in Domino', steht das vorher gesagte ‚ego te fruar' doch in der rechten Ordnung der Liebe. Auch die edelste Liebe zu einem Menschen muß eine letzte Ausrichtung auf Gott haben. In der Schule phänomenologischen Denkens würden wir heute formulieren: Sie hat eine solche Ausrichtung aus ihrem Vollzug heraus.

In der Scholastik wird dann weiter diskutiert, ob die Fruitio (die Liebe zu einem Gut oder einem Wesen um seiner selbst willen) mehr ein Akt des Willens oder des Intellektes ist. Thomas von Aquin schreibt die Fruitio vornehmlich dem Intellekt als dem höchsten Vermögen des Menschen zu.[115] Diese Lehre liegt auf der Linie seines Denkens, das man vereinfachend den ‚Intellektualismus des hl. Thomas' genannt hat. Für Thomas besteht das höchste Glück der himmlischen Seligkeit in der Erkenntnis Gottes von Angesicht zu Angesicht.[116] Wilhelm von Ockham hingegen schreibt die Fruitio dem Willen zu. Das liegt franziskanischer Mentalität nahe. Er beruft sich dabei auf Augustinus: „Frui est alicui amore inhaerere propter se."[117] Ockham fährt fort: „Allein dem Willen kommt es zu, einem Gute in Liebe anzuhangen." Daher ist die Fruitio dem Willen zuzurechnen. Ockham sieht diese Aussage wiederum durch Augustinus bestätigt: „Jenes erkannte Gut genießen wir, in dem der Wille in Freude ausruht." „Fruimur cognitis, in quibus voluntas delectata conquiescit."[118] Doch zieht Ockham sogleich die einmal verfolgte Linie weiter, indem er sein Ökonomieprinzip ins Spiel

---

[113] Augustinus, De doctr. christ. c.33 n.37 (PL 34,33).

[114] Petrus Lombardus, aO. Augustinus, aO.

[115] Thomas Aq., Sent. I, d.1, q.1, a.1; ed. Parisiis 1929 (Mandonnet) 33.

[116] AO.

[117] Guillelmus de Ockham, Sent I, d.1, q.2 (Editio Instituti Franciscani. Opera Theologica I, St. Bonaventure N.Y. 1967, S. 396). Augustinus, De doctr. christ. I, c.4, n.4. (PL 34,20).

[118] Ockham, aO. Augustinus, De Trin. X, c.10, n.13 (PL 42,981).

bringt. Da der Wille nichts von der wollenden Seele Unterschiedenes
ist, wie der Intellekt nichts von der erkennenden Seele Unterschiedenes, kann man proprie et de virtute sermonis loquendo (im eigentlichen Sprachgebrauch und gemäß der eigentlichen Bedeutung der
Redeweise) nicht leugnen, daß die Fruitio <auch> ein Akt des Intellektes ist; denn „Intellekt und Wille sind dasselbe".[119] OCKHAM zitiert in
dieser Frage die Lehren des THOMAS VON AQUIN, des JOHANNES DUNS
SCOTUS und des HEINRICH VON GENT. Dabei sagt er sehr genau, in
welcher Bezeichnungsweise die seelischen Potenzen gleichzusetzen
oder zu unterscheiden sind.[120] Ich will hier auf diese Fragen nicht näher eingehen, da mir lediglich daran liegt, das Verständnis für den
scholastischen Gebrauch von Uti – Frui zu bereiten. Es ist ja keine Sel-
tenheit, daß hinter Fragen und Argumentationen der Scholastik, die
unserem Verständnis fremd sind und manchmal skurril erscheinen,
sich ganz wichtige Themen verbergen.

Daß selbst der Mensch nicht um seiner selbst willen geliebt werden
darf, wie wir ‚Frui' in seinem Bedeutungsgehalt AUGUSTINUS folgend
übersetzt haben, könnte modernen Ohren verletzend erscheinen.
KANT hat die Würde des Menschseins durch einen moralischen Impe-
rativ herausgestellt, der mit der scholastischen Eingrenzung des Frui
allein auf Gott hin nicht vereinbar zu sein scheint. „Handle so, daß du
die Menschheit sowohl in deiner Person als auch in der Person eines
jeden anderen jederzeit zugleich als Zweck, niemals bloß als Mittel
brauchst."[121] Demnach soll der Mensch das Ziel geistiger Hingabe und
Liebe sein und darf niemals als Mittel zu einem Ziel gebraucht werden.
Dies scheint der Auslegung des Paulustextes durch AUGUSTINUS und
PETRUS LOMBARDUS zu widersprechen, wonach auch der Mensch nur in
der Relation auf Gott hin bejaht und geliebt und gewollt werden darf,
nicht aber um seiner selbst willen. Ich verweise auf diesen Text nur
mit dem Ziel, ein Mißverständnis der augustinischen Gegenüberset-
zung von Uti – Frui zu vermeiden und einem möglichen Ressentiment
gegenüber dem christlichen Verständnis der alles überragenden Got-
tesliebe entgegenzutreten. Gerade bei KANT finden wir eine harte Kritik an jeder Art von anthropomorpher Gottesvorstellung. Sieht man
unser Begriffspaar in diesem Licht, dann dürften sich für das Verständnis keine Schwierigkeiten ergeben, will doch die Gegenüberstellung der Begriffe: Uti – Frui die Relation des Menschen zu Gott von
jeder Relation zu einem Geschöpf abheben.

---

[119] Ockham, aO.
[120] Ockham, Sent. II, q.20 (Reportatio, ed. cit. V, S. 427–437).
[121] Immanuel Kant, Grundlegung zur Metaphysik der Sitten. Akademieausgabe S. 429.

9. Das irrige Gewissen (2)
   Der Grad seiner Verpflichtung

Wir kehren zu der Antwort HOLCOTS auf die Argumenta des Socius zurück [112,11–115,7] und damit zu dem Thema des irrigen Gewissens. Ich wies schon darauf hin, daß HOLCOT subtile Unterscheidungen im Verständnis und in der Bedeutung von ‚Frui' einbringt (S. o. S. 44f). Man muß diese Texte [112f] immer lesen mit dem Wissen um HOLCOTS Grundthese von der Entschuldbarkeit, ja Verpflichtung des irrigen Gewissens, die er auch gegenüber dem Dictum des HL. AUGUSTINUS: ‚Frui utendis est perversitas' aufrechterhält; er fügt hinzu: „Non! sed scienter frui . . ." [112,19]. In den Argumentationen HOLCOTS begegnen wir passim dem Begriff des unüberwindlichen Irrtums. THOMAS VON AQUIN hat sich eingehend und differenzierend mit der Rolle von Irrtum und Unwissenheit bei der Gewissensentscheidung beschäftigt.[122] Es sind zwei Gründe, die er für die Verpflichtung des irrigen Gewissens anführt. Der erste entstammt der rationalen Psychologie: Da die ratio den Akt des Willens bestimmt, kann ein Irrtum auf ihrer Seite, wenn er unüberwindlich ist, einen an sich schlechten Akt als moralisch vorschreiben. THOMAS sichert aber diese Entscheidung vorsichtig ab. Die Ratio muß sich verantwortlich um ein Urteil über die Qualität des Aktes bemühen. Etwas in sich Böses kann nie als gut beurteilt werden, es sei denn, die von außen herantretenden Umstände wirken auf das Urteil ein. Das falsche Urteil wird also durch die Umstände, per accidens, hervorgerufen, nicht durch das Wesen einer Handlung. Darin möchte ich den metaphysischen Grund für die Lehre des HL. THOMAS über das irrige Gewissen sehen. Noch feiner wird diese Entscheidung vorbereitet und abgesichert in einer früheren Quaestio, Q. 6: De voluntario et involuntario. Im Artikel 8 fragt THOMAS, ob Unwissenheit einen Akt seiner Freiwilligkeit beraubt.[123] Auch hier führt THOMAS den Defectus voluntatis auf einen Defectus im Erkennen zurück. Dabei sichert er die Moralität der Handlung ab gegenüber den verschiedenen Weisen, die Unwissenheit bewußt oder durch Nachlässigkeit herbeizuführen. THOMAS geht die Frage des irrigen Gewissens im systematischen Kontext der Moral an. Das zeigt sich auch in den entsprechenden Ausführungen in seinem Sentenzenkommentar,[124] wo schon der Ausdruck ‚per accidens' für die Verpflichtung des irrigen Gewissens gebraucht wird.[125]

---

[122] Thomas Aq., S.th. I II, q.19, a.6.
[123] AO q.6, a.8: „Utrum ignorantia causet involuntarium."
[124] Thomas Aq., Sent. II, d.39, per totum.
[125] AO q.3 a.3: „Conscientia enim recta obligat simpliciter et per se . . . Sed conscientia erronea non obligat nisi per accidens et secundum quid."

WILHELM VON OCKHAM hat in einer eigenen Quaestio die Frage des
irrigen Gewissens behandelt.[126] Sie ist bei ihm in ein Geflecht ethischer
Themen eingewoben: die Verknüpfung der Tugenden miteinander,
die Rolle der Klugheit im sittlichen Handeln, die verschiedenen Arten
der Klugheit, die moralischen Tugenden und die Klugheit, Zuordnung
und Selbständigkeit.[127] Damit hat die Frage nach der Verpflichtung
des irrigen Gewissens bei OCKHAM einen Topos, der vom Inhalt her
bestimmt wird.

Wesentlich anders ist dies bei HOLCOT. Die im letzten Artikel der Conferentiae behandele Thematik findet sich bereits im Sentenzenkommentar in einer Quaestio, wo wir sie der Überschrift nach nicht ver-
muten würden: ‚Ob der Gottessohn Mensch werden konnte.'[128] Scholastische Theologen entfalten wichtigste Probleme im Anschluß an
Fragen die uns heute fremdartig scheinen. Dies ist auch hier der Fall,
und nicht nur bei HOLCOT. Alsbald zum Beginn der Quaestio wird das
Thema ‚irriges Gewissen' angegangen: Der Gottessohn konnte schon
darum nicht Mensch werden, weil er dadurch jedem anderen Menschen ähnlich geworden wäre. Petrus hätte dann den Jakobus für Christus halten und ihm göttliche Ehre erweisen können. „Dann frage ich,
ob Petrus damit ein verdienstliches Werk vollbracht hätte. Er hätte
nicht gesündigt, weil ein unüberwindlicher Irrtum ihn entschuldigt
hätte."[129] So wird schon am Anfang nicht nur das Thema genannt,
sondern auch das Beispiel vorgestellt, mit dem die Thematik durchge-
spielt wird. Fast wörtliche Formulierungen finden wir im 5. Artikel der
Quaestio.[130] Auch der reverendus socius, mit dem HOLCOT diskutiert,
tritt von Anfang an auf und begleitet ihn durch die ganze Quaestio.
Ich zitiere nach dem Codex des Pembroke College Oxford (P), da der
Hinweis auf den Opponenten am Anfang der Quaestio in der Inkunabel fehlt. HOLCOT nennt keinen Namen, sondern spricht nur von einem ‚ehrenwerten Kollegen (Socius)', der seinen Thesen scharfsinnig
widerspricht. Im ersten Teil der Quaestio werden verschiedene moral-

---

[126] Guillelmus de Ockham, Quaestiones variae. Quaestio 8. OT V (St. Bonaventure N.Y.
1984) S. 409–450. Über die Einordnung dieser Quästionen in den Sentenzen-Kom-
mentar Ockhams vgl. Introductio, § 1, aO S. 5.

[127] Zurückzugreifen ist auf die vorhergehende Quaestio 7, Art. 3; aO bes. S. 362–376.

[128] Robert Holcot, Sent. III, q.1 (unica) Inkunabel fol. k VI r–l VII v. Hss P fol. 74 vb–86
ra. RBM fol. 76 rb–89 rb.

[129] (Text nach P fol. 74 vb–75 ra) „Quod non arguitur, quia si sic, tunc filius dei potuit
fuisse ita similis alteri homini, qui non fuisset deus, quod nemo posset sensibiliter
discernere inter eos. Consequens falsum, quia si sic, ponatur quod ita fuisset similis
Jacobo quod Petrus in absentia Christi adorasset eum adoratione latriae. Quo posito
quaero, an Petrus meruit vel demeruit. Non demeruit, quia error invicibilis excusat
eum."

[130] Ink. fol. l IV ra 34–VI ra 41. P fol. 81 vb 31–84 ra 48. RBM fol. 82 ra 21–83 vb
unten.

theologische Fragen diskutiert, wie die Verpflichtung des Eides und des Versprechens, das Verlangen nach Sterben oder Nicht-Sein im größten Leid, die Erlaubtheit der Flucht für einen zum Tode verurteilten Verbrecher u. a. Erst im 5. Artikel taucht das Thema aus dem letzten Artikel der Conferentiae auf.[131] Doch die Hinweise auf die Gegenargumente des Socius ziehen sich durch die ganze Quaestio. HOLCOT stützt seine Verteidigung auf eine breite Palette von Autoritäten: Väter, Hinweise auf die berühmtesten ‚Glossen‘ des Mittelalters, auf angesehene Theologen der Scholastik, ja auf die Dekretaliensammlungen, um sich auch kanonistisch abzusichern.

Doch der Schlüssel zum Verständnis seiner Argumentation liegt, worauf er selbst hinweist [87,3f], in der Methode der Disputation und damit im weiteren Sinne der Logik. Auf besonders eindrucksvolle Weise kommt dies in einem Beispiel zum Ausdruck, das HOLCOT für die Verpflichtung des irrigen Gewissens bringt und das auch in dem Disput mit seinem Socius auftaucht [114,12–115,5]. [Dort auch die Zitate aus dem Sentenzenkommentar].[132] Ich ergänze den Text etwas zum sinngemäßen Verständnis: „Man nehme an, daß Christus (scl. der Gottessohn) die (bei der Menschwerdung) angenommene Menschheit (scl. Menschennatur) im Erwachsenenalter verlassen und dies der Seligen Jungfrau verheimlicht hätte, diese ihn aber wie früher (als Gottessohn) angebetet hätte. Sie beginge einen Irrtum, würde dennoch nicht sündigen, weil es ein error facti (nicht fidei) ist[133] und weil er unüberwindlich ist. Dazu antwortet der Socius, daß Gott dann die Selige Jungfrau erleuchtet und sie vor einer solchen Anbetung bewahrt hätte (weil diese einem Geschöpf gilt und daher schwer sündhat ist). Würde die Selige Jungfrau aber einfachhin (d. h. ohne Bedingung) angebetet haben, dann hätte sie schwer gesündigt." So der erste Teil des Textes, in dem HOLCOT den Socius zitiert. Er fährt nun fort: „Es ist offenkundig, daß diese Responsio (des Socius) das Argument nicht löst, weil es den im Argument aufgestellten Fall verneint." Mit diesen Worten wirft HOLCOT dem Socius vor, daß er nicht innerhalb der Regeln der Dispu-

---

131 Robert Holcot, Sent. III q.1 (P fol. 75 ra 24–27): „Ad istam quaestionem sic est argutum, ut articuli introducerentur, super quibus reverendus socius quidam subtiliter et acute replicavit contra me, et sunt octo in numero, quorum primus est iste . . ."
An anderer Stelle wird freilich im Codex P Crathorn ausdrücklich genannt. Holcot warnt vor einem Irrtum Crathorns: „. . . nisi incidatur in opinionem Wilhelmi Crathorn" (fol. 135/139 va). Eine Marginale im Cod. O bemerkt dazu: „Opinio quod indistantia localis sufficit ad communicationem ydeomatum" (fol. 184 va). Vgl. Schepers I, 352. Vgl. Conferentiae, [71,11ff]. Die örtliche indistantia macht zwei Dinge identisch.

132 Es handelt sich um folgende Stelle: Holcot, Sent. III q.1 a.5 (ℨ fol. 1 V va 39–63. P fol. 83 va 25–50. RBM fol. 83 va 10–30).

133 S. u. S. 51f.

tierkunst bleibt. Die Argumentation HOLCOTs geht aber von dem Fall
aus, daß Christus die Menschennnatur verläßt, ohne dies seine Mutter
wissen zu lassen. Dies widerspräche auch nicht seiner Allmacht. Daß
Christus seiner Mutter eine Erleuchtung über sein Handeln geben
kann, wie der Socius es annimmt, liegt auch im theologischen Denken
HOLCOTs, steht aber im vorliegenden Fall nicht zur Diskussion. Diese
Annahme würde nämlich die Fragestellung unterlaufen, in der es um
den unüberwindlichen Gewissensirrtum geht. Über die weite Verbrei-
tung und die Variationsbreite der scholastischen Disputierkunst besit-
zen wir eine ausgezeichnete Studie von L. M. DE RIJK.[134] In den dort
gebotenen Texten vermag der geschulte Leser Parallelen zu Stellen in
den Conferentiae zu entdecken.[135] Man beachte anhand des hier zitierten Textes, daß HOLCOTs extreme Positionen oft ein Ergebnis der Disputierkunst und ihrer strengen Regeln sind. Demgegenüber haben wir
Beispiele, in denen HOLCOT die Schärfe seiner Aussagen, besonders
über die Allmacht und Freiheit Gottes, mildert und zu einem ausgewo-
genen Bild des göttlichen Handelns mit dem Menschen gelangt.[136] Vor
diesem Hintergrund muß auch der letzte Teil des zitierten Textes beurteilt werden, in dem es um die Freiheit des göttlichen Wirkens (das
nur dem Kontradiktionsprinzip unterworfen ist) und noch einmal um
die Verpflichtung des irrigen Gewissens geht.
Bevor wir dieses Thema verlassen, soll hervorgehoben werden, daß
HOLCOTs Eintreten für die Verpflichtung des irrigen Gewissens keinen
Freibrief für eine moralische Autonomie gewährt, in der die subjektive
Einsicht allein den Maßstab für das moralische Urteil gibt. Auch in
dem bereits zitierten Text des Sentenzenkommentars stehen dafür
mehrere Aussagen, von denen ich hier einige zitiere. Besonders inter-
essant ist, wie HOLCOT dabei das Zusammenspiel von erkenntnismäßi-
ger Einsicht und willentlicher Entscheidung einbezieht. Sein Gegner
hält ihm vor, daß der menschliche Wille gezwungen werden könne,

---

[134] Lambert Marie de Rijk, Die mittelalterlichen Traktate De Modo Opponendi et Respondendi. Einleitung und Ausgabe der einschlägigen Texte. BGPhMA, N.F. Bd. 17
Münster 1980.

[135] Vgl. den Text aus dem Traktat „De arte et modo disputandi, aO 287–353; 352f: „. . .
si respondens succumbat, debet audacter provocare opponentem ad iram, dicendo
argumentum eius ridiculosum esse et non esse dignum repetitione nec aliqua bona
solutione et ideo propter eius vilitatem non est repetendum nec solvendum." Dazu
Holcots Bemerkung in den Conferentiae [72,15ff]: „Ista scripsi cum taedio et cum
verecundia recito . . . Nihil tamen video in istis, quod quemcumque puerum deberet
movere nisi fortasses ad risum."
Oder auch zu dem Einwand Holcots, der Socius bleibe nicht beim casus argumenti,
aus demselben Traktat (aO): „. . . si opponens concludat contra respondentem aliquid inconveniens, dicat respondens illud non sequi ex argumento opponentis sed ex
positione sua."

[136] Vgl. S. 53f.

einer Sünde zuzustimmen, sei es bewegt durch ein Übermaß an Versuchung, dem der Mensch nicht gewachsen ist, sei es durch übergroße Angst vor einem schweren Leiden. Auch das Apostelwort „Gott ist treu; er läßt nicht zu, daß ihr über eure Kräfte hinaus versucht werdet" (1 Kor 10), deutet der Socius in dem Sinne, daß eine Sünde nicht angerechnet wird, wenn in der Versuchung die sittliche Kraft des Menschen überfordert wird.[137] HOLCOTS Antwort auf diese Einwände besteht in zwei Argumenten. Fühlt sich der Wille wie durch Zwang zu einer schuldhaften Zustimmung genötigt, so kann die Schuld in einer früheren Sünde liegen. Das deutlichste Beispiel hierfür ist das gottwidrige Verhalten des Teufels und der Verdammten.[138] HOLCOT geht nun zu der intellektiven Seite über, also von der Verirrung des Willens zu der Verirrung der Erkenntnis, in die das Gewissen geraten kann. Mit Zeugnissen der Tradition stellt er zwei Arten des irrigen Gewissens vor. Bei der ersten treibt das Gewissen in einen ‚gefährlichen Irrtum', bei der zweiten in einen ‚nicht gefährlichen'. Der gefährliche Irrtum erstreckt sich auf Glaubensartikel oder göttliche Gebote. Ich zitiere den vollen Wortlaut der Argumentation HOLCOTS, weil die ‚Perplexität' des Gewissens dabei mit aller Schärfe zum Ausdruck kommt: Folgt der Mensch im ‚gefährlichen Irrtum' nicht seinem Gewissen, dann sündigt er. Folgt er aber dem Gewissen, dann ist er nicht entschuldigt; denn in diesem irrenden Gewissen ist der Mensch ‚perplexus', bis er den Irrtum aufgegeben hat. Ein ‚nicht gefährlicher Irrtum' erstreckt sich nicht auf Glaubensartikel, sondern auf Fakten. In diesem Fall ist der Mensch verpflichtet, dem irrigen Gewissen zu folgen.[139]

---

[137] Robert Holcot, Sent. III, q.1. a.3 (Ink. fol. l III ra 27–46): „. . . aliqua tentatio . . . posset esse ita gravis quod voluntas necessitaretur ad peccandum. Consequens est falsum, quia vel potest voluntas tali tentationi resistere vel necessitatur. Si primum, ergo non necessitatur. Si secundum detur, igitur non peccat secundum Augustinum de libero arbitrio c.II de magnis: Quis non peccat in eo, quod nullo modo cavere potest peccatum aut caveri potest. Item ibidem: Quaecumque sit causa voluntatis malae, si ei non potest resistere, sine peccato ei cedit. Et talia multa ibi dicit . . . Praeterea Augustinus ubi supra: Aut voluntas est prima causa peccandi aut nullum peccatum est. Et c.X de magnis probat Augustinus quod nulla natura potest vincere voluntatem. Item Anselmus De libero arbitrio c.VI: Tentatio potest impugnare voluntatem invitam, expugnare non potest. Praeterea Apostolus 1 Cor X: Fidelis est deus, qui non patitur vos tentari supra illud, quod potestis etc."

[138] (Ebd. fol. l III rb 40–46): „Ad secundum quando allegatur ab Augustino quod nulla natura potest vincere voluntatem, vult dicere quod secundum legem statutam nulla natura potest cogere voluntatem nec facere eam peccare, nisi velit vel nisi ante deordinate aliquid voluerit, propter quid mereretur tanquam in poenam quid necessitetur ad peccandum, sicut de diabolo patet et damnatis."

[139] (Ebd. fol. l IV vb 23–54): „Ad solutionem illorum argumentorum est sciendum quod contingit errare dupliciter: vel errore periculoso vel errore non periculoso. Error periculosus est, quando quis errat contra articulos fidei vel praecepta divina. Error non periculosus est in aliis, quando deceptus ignorantia invincibili approbat falsa pro

Die im Sentenzenkommentar von HOLCOT eingebrachten Argumente und Gegenbeweise finden sich auch in den Conferentiae. Sowohl das Problem des irrigen Gewissensurteils – unverschuldet oder schuldhaft – wie das eines depravierten Willens („propter malum usum voluntatis et negligentiam vivendi secundum principia iuris naturalis" [126,3–5]) werden von HOLCOT allseitig diskutiert. Seine ganze Erörterungsweise scheint mir dabei von einer pastoralen, psychologisch einfühlsamen Motivierung geleitet zu sein. Dafür spricht auch die wiederholte Verwendung natürlicher Argumente für die Sittlichkeit einer menschlichen Handlung, so die Hinweise auf das Naturgesetz, auf die vernünftige Einsicht, auf den natürlichen Vernunftgebrauch u. ä. Im folgenden soll auf solche und weitere Motive praktisch-pastoraler Vernunft hingewiesen werden, die HOLCOTS Weg in der theologischen Reflexion beeinflußt haben. In den Conferentiae wird dieser Einfluß noch einmal deutlich.

10. Analyse der Motive HOLCOTS

Für die Argumentationsweise HOLCOTS wurde wiederholt das Bildwort eines ‚Geflechts' gebraucht. Nun sollen, um in diesem Bilde zu bleiben, die Hauptstränge noch einmal offengelegt werden, mit denen HOLCOT die Diskussion mit seinen Socii zu einem Ganzen zusammengefügt hat. Sie sind im letzten Teil der Conferentiae deutlich greifbar. Ich möchte auf vier Hauptmotive hinweisen. Da ist zuerst das unermüdliche Eintreten für die Entschuldbarkeit, ja Verpflichtung des irrigen Gewissens. HOLCOT veranschaulicht dies an einem Beispiel, das ich hier für das neuzeitliche Verständnis etwas umschreiben möchte: Eine tiefgläubige Greisin, deren ganzes Leben in Mühe und Arbeit aufging, so daß sich ihr nie eine Tür für eine theologische Reflexion öffnete, hört in der Predigt eines Geistlichen einen Glaubensirrtum. Sie sündigt nicht, wenn sie diesen Irrtum glaubt, weil sie diesen Fall des irrigen Gewissens nicht auflösen kann [113,10ff] (1. Hauptmotiv).

---

veris, sicut est in casu huius articuli de transfiguratione diaboli in effigiem Christi . . . Sed certe error iste cum sit invincibilis et non sit contra aliquem articulum fidei nec contra bonos mores, non est periculosus. Et hoc est quod expresse dicit Magister lib. IV, dist. 30, c.4 . . . Secundum istum duplicem errorem est duplex conscientia erronea, quia aliquando est erronea errore periculoso et aliquando est erronea errore non periculoso. Prima conscientia erronea obligat hominem ad faciendum secundum eam ita quod, si fecerit contra eam, peccat, et si fecerit secundum eam, non excusatur a peccato ita quod stante tali conscientia homo est perplexus, donec deponat eam. Sed conscientia secundo modo erronea obligat sic quod, si non fecerit secundum eam, peccat; si fecerit secundum eam, non peccat, sed excusatur a peccato propter ignorantiam invincibilem, ex qua causatur talis conscientia." (Text der Inkunabel korrigiert nach P)

Bei solcher Rechtfertigung des irrigen Gewissens erhebt sich die Frage, ob dann überhaupt noch von Häresie und Idolatrie im moraltheologischen Sinne des Wortes (jedenfalls in den vorgebrachten Beispielen und Fällen) gesprochen werden kann [121; 125]. HOLCOT begegnet diesem Problem auf zweifache Weise: Durch eine sublime, logische und sprachkritische Analyse geht er die einzelnen Aussagen von der formalen Seite an (2. Hauptmotiv). Diese Methodik zieht sich ja durch sein ganzes theologisches Werk und wird nochmals im Schluß der Conferentiae besonders greifbar. Deutlich wird aber auch sein moraltheologisches Motiv (3. Hauptmotiv). Das Wesen der moralischen Qualität liegt nicht im äußeren Vollzug des Aktes, sondern in der inneren Sinngebung [117,5f; 119,12-120,8]. „Jede Anbetung kann der Mensch vollziehen, die von der ständigen Absicht begleitet wird: Ich will nur den einen Gott anbeten." Dieser Gott gebührende Dienst besteht mehr in der Hingabe des Herzens als in einem Gehorsamsakt des Leibes [124,16f].

Ein viertes Motiv besteht in dem für HOLCOT typischen Gegenüber oder auch Zusammen von Gottes freier Macht und seiner barmherzigen Zuwendung zu jedem einzelnen Menschen. So heißt es in einer Responsio: Gott wird den Menschen nicht einer so schweren Täuschung überlassen, ohne ihn über die Wahrheit zu unterrichten, wie wir es in der Lebensbeschreibung des hl. Martin lesen [121,6]. Freilich gibt HOLCOT zu, daß dieses Argument nicht allgemein gültig sein kann, weil es dann überhaupt keinen error invincibilis gäbe [121,7-10]. Geht diese Responsio schon von einer Tatsachenerfahrung aus, so in ähnlicher Weise die folgende, die auf das donum der Unterscheidung der Geister verweist. In der Erfahrung des Glaubenslebens wird sich Gott für den Menschen als der gnadenhaft Helfende erweisen: Dennoch schließt es keinen Widerspruch in sich, wenn Gott den Menschen dem unüberwindlichen Irrtum überläßt, da Gott in seinem Handeln nach außen hin frei ist [121,14]. Beachten wir dieses HOLCOT eigene dialektische Spiel der Argumentation mit göttlicher Freiheit und göttlichem Erbarmen! Aus dieser Freiheit kann Gott auch Leben und Tod eines Menschen in die Hand eines anderen legen [122,15-18]. HOLCOT beruft sich auf biblische Beispiele wie das Isaak-Opfer und Samsons Handeln im Haus der Philister. Dabei sieht unser Magister ein verborgenes Handeln Gottes im Spiel. Samsons Tun kann von uns nur richtig verstanden werden, wenn wir annehmen, daß er auf Grund eines göttlichen Befehls handelte.

Ist dies nicht ein Argument für den Begriff eines ‚Willkürgottes'? Blickt man aufmerksam in die Texte, so wird man gegenüber einem solchen Vorwurf sehr zurückhaltend. Ein erster Grund liegt in der Hervorhebung der Autorität des Gewissens, das immer im Recht ist, selbst wenn es – allerdings unausweichlich – irrt. Ein anderes Argument besteht in dem Vorrang der inneren Hingabe vor dem körperlichen Kult. Dann gibt es aber auch einen Text im Sentenzenkommentar, der sehr stark die Gerechtigkeit und Liebe Gottes gegenüber dem Geschöpf herausstellt, und zwar in einem kritisch zugespitzten Fall. HOLCOT setzt den Fall, daß Gott einem Geschöpf offenbare, es werde wegen einer zukünftigen Sünde ewig verdammt werden. Er antwortet: Gott werde dies nicht tun, nicht weil es seiner Allmacht widerspricht, sondern weil es zu seiner höchsten Gerechtigkeit und Liebe im Widerspruch steht. Er würde mit einer solchen Offenbarung das vernunftbegabte Geschöpf, wärend es noch frei ist von jeder Schuld, in tiefste Traurigkeit stürzen.[140] Zu beachten ist an dieser Argumentation, daß solches Handeln nicht aus dem Wesen Gottes begründet wird, sondern aus seinem Wirken mit dem Menschen.[141] Wir sehen hier in bisher verborgene Tiefen theologischer Reflexion einer ‚nominalistischen' Theologie, die von kontingenten Gegebenheiten die strenge Betonung der Allmacht und Freiheit Gottes nicht nur mildert, sondern in ein anmutiges Gesamtbild integriert. Dies ist möglich, ohne über die strengen Texte hinwegzulesen oder sie umzudeuten.

ROBERT HOLCOT kann als hervorstechender Theologe einer solchen Kunst theologischer Rede angesehen werden. Mit seinem Tode verstummte – nach dem Urteil der Zeitgenossen – eine Stimme, die dem ‚Glockenspiel' einer solchen Theologie einen eigenen, edlen Klang gegeben hatte.[142]

Es war eine psychologisch und anthropologisch einfügsame Theologie, die in gleicher Weise auf die Glaubensnorm wie auf die Konkretisierung des Glaubens im menschlichen Leben blickte, ohne allerdings die Fragen bis in ihre letzten Tiefen und Konsequenzen zu verfolgen. Es bleibt meist bei praktikablen Antworten. Dies zeigt sich auch an einem besonderen Problem, das im Spätmittelalter außerhalb der Fachphilosophie und Fachtheologie die Herzen der Menschen bewegte. Wie steht es mit der sittlichen Freiheit innerhalb eines Denkens, das alles Geschehen, auch alles menschliche Handeln, in einer festgelegten Notwendigkeit und Vorherbestimmung sieht? [98,2–14] HOLCOT spricht

---

[140] Vgl. Robert Holcot, Sent. II, q.2 (O fol. 155 ra 56–62; RBM fol. 52 ra 36–43): „In ista materia potest dici quod deus non potest revelare alicui homini vel angelo existenti in caritate peccatum suum futurum nec suam poenam aeternam propter istud peccatum, non quia ista revelatio repugnat potentiae dei, inquantum est potentia, sed quia repugnat summae iustitiae et summae misericordiae, quia deus faceret suam creaturam rationalem tam miseram sine culpa, quia ipsa non posset praescire talem poenam futuram, nisi esset misera."

[141] Vgl. Die theol. Methode . . . 293ff.

[142] Beryl Smalley, English Friars and Antiquity in the early fourteenth century. Oxford 1960, 201f.

an dieser Stelle nicht die theologische Frage nach dem Verhältnis von Vorherbestimmung und Willensfreiheit an. Vielmehr veranlaßt ihn ein im Volk weit verbreiteter Schicksalsglaube, der von unterschiedlichen Motiven gespeist wurde: Möglicherweie aus Erwägungen der islamischen Theologie über das unmittelbare Mitwirken Gottes in jedem geschöpflichen Werk, sicher auch von astrologischen Anschauungen über den Einfluß der Sterne auf das Geschehen in der Welt. HOLCOTS Lösung ist von verblüffender Einfachheit: Auch für den ‚Fatalisten‘ wird die sittliche Freiheit nicht in Frage gestellt. Im konkreten Handeln weiß er nichts von der Notwendigkeit des Fatums. Seine Entscheidung behält darum die Qualität einer sittlichen Tat.

Von HOLCOT her könnte sich auch ein tieferes Verständnis für OCKHAMS Lehre von der absoluten Macht Gottes gegenüber dem Geschöpf eröffnen. Richten wir unser Augenmerk zuerst einmal auf den Satz: „Nehmen wir einen ‚Habitus der Liebe‘ in einem Geschöpf an, so kann Gott auf Grund seiner absoluten Macht diesem Geschöpf niemals das ewige Leben geben; folglich wird ein solches nicht von Gott angenommen sein.“[143] OCKHAM bekräftigt diesen Ausspruch im folgenden noch einmal und fügt dann hinzu, daß Gott immer frei und barmherzig und aus seiner Gnade die Seligkeit jedem schenkt. Wir wissen, daß OCKHAM die Lehre von der Notwendigkeit der Gnade für das verdienstliche Werk nicht aufgegeben hat, sie aber der freien göttlichen Anordnung zuweist, die Gott gleichfalls kontingent, frei und barmherzig so errichtet hat.[144] Die Ausdrücke ‚frei‘, ‚kontingent‘, ‚barmherzig‘, ‚aus Gnade‘ häufen sich hier geradezu, was auf einen ausgesprochen personalen Charakter des göttlichen gnadenhaften Handelns mit dem Menschen hinweist. Eine moderne Forschung, die Affinitäten mit dem neuzeitlichen Empirismus oder gar Atheismus im Nominalismus zu erkennen glaubt,[145] übersieht und mißachtet solche Aussagen. Auch die sog.

---

[143] Guillelmus de Ockham, Sent. I, d.17, q.1 (ed. cit. III, 454, 14–17): „. . . igitur posita quacumque caritate, quae sit una res absoluta, potest deus de potentia sua absoluta velle sibi numquam dare vitam aeternam, et per consequens non erit talis acceptus Deo.“

[144] AO (20–25): „. . . et quacumque posita in anima potest deus de potentia dei absoluta illam non acceptare; ut sic semper contingenter Deus et libere et misericorditer et ex gratia sua beatificat quemcumque; ut ex puris naturalibus nemo possit mereri vitam aeternam, nec etiam ex quibuscumque donis collatis a deo, nisi quia deus contingenter et libere et misericorditer ordinavit . . .“
Vgl. auch das Ende der Quaestio, Ad argumentum principale (ed. cit. 466, 12–21).

[145] Dies gilt teils mehr, teils weniger für alle Versuche, die Epoche oder das Phänomen des Nominalismus aus der Sicht und mit den Kategorien der neuzeitlichen Erkenntnis- und Seinslehre zu deuten, besonders wenn solche Versuche in der in sich guten Absicht vorgenommen werden, dem heutigen Menschen einen geistigen Zugang zum Mittelalter zu eröffnen. Ich nehme hier nur das klassische Beispiel der Gegenwart: Umberto Eco, Der Name der Rose. München–Wien [16]1983. Originaltitel: Il nome

Nominalisten waren Theologen, und man muß ihre Aussagen auf diesem Gebiet sehr genau nehmen. LONERGAN, aus dessen ‚Methode in der Theologie‘[146] wir noch viel zu lernen haben, fordert vom Forscher auch einen Akt der Bekehrung[147] – nicht im religiösen oder moralischen Sinne, sondern intellektuell als selbstkritische, selbstlose Hinwendung des Geistes zu einem Phänomen, einer geschichtlichen Gestalt, die außerhalb unseres Denkhorizonts liegt. Diesen geistigen Überschritt von Horizont zu Horizont charakterisiert LONERGAN als einen ‚vertikalen‘ Schritt, weil er in eine qualitativ andere Verstehenswelt hinein vollzogen werden muß. Vielleicht darf man hinzufügen, daß diese Art des Verstehens einer gewissen Kongenialität bedarf und daß der Geschichtsforscher, dem sich ein solches Forschungsobjekt auf den Weg stellt, auch von dieser Seite her sein eigenes Vorgehen reflektieren muß. Dies ist eine Forderung intellektueller Redlichkeit. Die Bezeichnung ‚Bekehrung‘ bringt zum Ausdruck, daß die geistige Hinwendung und das Sich-Einstellen auf das Phänomen eines anderen Denkhorizontes mit einer Umkehr der eigenen Anschauung verbunden ist oder geradezu darin besteht. Dies liegt ja im Wortsinn der ursprünglich griechischen Vokabel ‚Metanoia‘. Um ein Mißverständnis auszuschließen, sei noch gesagt, daß solches Sich-Einlassen sich vor allem auf die Fundamente, nicht aber auf jede Einzelheit eines Denkentwurfs richtet und in jedem Fall in einer redlichen Ausgewogenheit von Verstehen und kritischem Beurteilen vollzogen werden sollte.

Damit kommen wir zu HOLCOTS Schlußsätzen in seinen Conferentiae. Sie bilden ein geistvolles Spiel der Dialektik zwischen hartnäckiger Verteidigung der Freiheit des Gewissens, auch wenn es (unüberwindlich) irrt [122,7–125,8] und der absoluten Geltung und Unaufhebbarkeit des göttlichen Gesetzes [125,9–18]. HOLCOT führt dabei auch natürliche Komponenten an, die das Gewissen in den verschuldeten Irrtum führen: ein böser Gebrauch des Willens, eine Verachtung des natürlichen Sittengesetzes [126,1–6]. Aus solcher Richtung können sich Hindernisse für das Einwirken der göttlichen Gnade ergeben.

Die Conferentiae enden – wie könnte es bei HOLCOT anders sein – mit einem Argument logischer Unterscheidung. Es geht noch einmal um die Frage der Schuld bei der Idolatrie. „Die Heiden glaubten, mit der

---

della rosa. Milano 1980. Instruktiv dazu die in der Wissenschaftlichen Buchgesellschaft erschienene Sammlung von Artikeln: Max Kerner (Hg.), „. . . Eine finstere und fast unglaubliche Geschichte?“ Mediävistische Notizen zu Umberto Ecos Mönchsroman ›Der Name der Rose‹ Darmstadt ³1988.

[146] Bernard Lonergan SJ, Method in Theology. London ²1973, repr. 1975. Übers. und hg. von Johannes Bernard, Leipzig 1991.

[147] Vgl. aO, im engl. Original S. 237–244, bes. 237f; in der deutschen Übers. S. 241–248, bes. S. 241f.

Verfolgung der Apostel Gott einen Dienst zu erweisen" (AUGUSTINUS).
Dieser Satz des HL. AUGUSTINUS und ähnliche lassen zwei verschiedene
Deutungen zu. Das Urteil kann sich auf das vom Satz Gesagte er-
strecken. Dann ist der Sinn des Satzes: „Ich bete einen falschen Gott
an." In diesem Sinne verstanden, würde der Heide keine Idolatrie trei-
ben, weil die Erkenntnis ‚falscher Gott' diese in sich aufhebt, wie bereits mit guten Argumenten bewiesen [126,9–127,1]; vgl. [117f].
Richtet sich aber die Aussageabsicht auf die von dem Satz gemeinte
Sache, dann treibt der Heide Idolatrie. Er sagt ja, indem er auf ein
Götzenbild zeigt. „Dies ist Gott." Damit irrt er und treibt folglich Idolatrie [108,7–10]. – Hier könnte sich für uns freilich die Frage stellen,
welche Art von Irrtum dann entsteht: überwindbar und darum unent-
schuldbar, oder unüberwindbar und damit entschuldbar. Doch damit
würden wir auf die bereits durchgeführte Beweisstelle zurückgeworfen. Man hat den Eindruck, daß HOLCOT hier einen Schlußpunkt der
Rechtgläubigkeit setzen will. Im Eintreten für das irrige Gewissen,
seine Entschuldbarkeit und seine Verpflichtung, ist er ja sehr weit ge-
gangen, freilich modo disputandi [vgl. 82,3f], wie er selbst sagt.

11. ‚Nominalismus'

Unter diesem Stichwort sollen die Erläuterungen zu den Conferentiae
ihren Abschluß finden. Daher geht es nicht um eine Grundsatzdebatte
über diesen problematischen und viel umstrittenen Begriff, sondern
um die Erhellung und Analysierung von Aussagen der vorliegenden
Quelle, die wir freilich unter Anwendung allgemein anerkannter Ei-
genheiten ‚nominalistischen' Denkens vollziehen. Der Ausdruck ‚Nominalismus' dürfte als Kampfparole seiner Gegner[148] schon Schwierigkeiten bereiten, um zu einer Wesensdefinition zu gelangen. So bietet sich
heute der Weg an, bestimmte Charakteristika, die für das Phänomen
‚Nominalismus' als typisch angesehen werden, zunächst einmal in den
Quellen aufzuzeigen und zu prüfen.

In den Lexika-Artikeln[149] und in den Diskussionen[150] wird immer wieder auf den Unterschied und zugleich die gegenseitige Verwiesenheit
von philosophischem und theologischem ‚Nominalismus' hingewiesen.
Ich folge dieser Einteilung und will zuerst auf einige Aussagen aufmerksam machen, die ontologischer Art sind. Bekanntlich führte die
ockhamistische Kritik am Universalbegriff als Zeichen für die Wesenheit des Dinges dazu, nur die Einzeldinge als ontologisch und erkenntnistheoretisch relevant zu halten. Für diese von OCKHAM konse-

---

[148] J. Klein, Nominalismus In: RGG IV, 1505–1508.
[149] Vgl. Anm. 148; auch LThK VII, 1020–1023.
[150] R. Haubst (Ed), Nikolaus von Kues in der Geschichte des Erkenntnisproblems. In
MFCG, Bd. 11, Mainz 1975, 166f.

quent durchgeführte philosophische Seinsanalyse wurde der Ausdruck
,Metaphysik des Einzelnen' geprägt.[151] Daß HOLCOT in dieser Einschätzung der Seinslehre dem VENERABILIS INCEPTOR folgt, zeigt er in der
Polemik gegen CRATHORN. Er bekämpft dessen Opinio, das mit einem
Satz Bezeichnete sei eine vom Satz verschiedene Sache [75,1–3]. Zum
rechten Verständnis sei daran erinnert, daß HOLCOT und CRATHORN
den Begriff ,Sache' in unterschiedlichem Sinne verwenden. CRATHORN
bezeichnet das Significatum des Satzes als eigentlichen Gegenstand der
Aussage, d. h. als die ausgesagte ,Sache'. Für HOLCOT existieren nur
die Einzeldinge der Außenwelt, die er als ,Sachen' bezeichnet. Diese
Opinio wird scharf herausgestellt in dem Satz: „Keine Menge diskonti-
nuierlicher Dinge (Sachen) ist eine Sache, wie ein Volk keine Sache ist"
[75,3f]. Die in den Conferentiae folgenden Sätze tragen diese Metaphysik des Einzelnen mitten in die bis dahin klassischen Strukturen der
Ontologie hinein. Substanz und Akzidenz werden wie Einzeldinge angesehen. HOLCOT polemisiert: Würden nach CRATHORNS Lehre die
Dinge der Gegenstand der Aussage sein, so würden sich viele Unge-
reimtheiten ergeben wie etwa in dem Satz: ,Sokrates ist weiß' oder
,Der Mensch ist kein Esel'. Ich würde mehrere Dinge von derselben
und einen Sache aussagen, nämlich Substanz und Akzidenz, oder ich
würde von einem Ding ein Ding aussagen, das ein Nichts ist und zugleich mehrere Dinge: Mensch, Esel und die Negation von beiden
[75,4–14]. Bei diesen Beispielen, besonders bei dem ersten (,Volk'),
läßt sich beobachten, wie sich ein Bedeutungsgehalt des Wortes ver-
flüchtigt. In dem zitierten Beispiel ist ,Volk' identisch mit ,viele Menschen' und hat darüber hinaus keinen Aussage-Gegenstand. ,Volk' faßt
nur eine Menge von Individuen zusammen, die auch in dieser Zusam-
menfassung (als ,Volk') nicht speziell von einer anderen Zusammen-
fassung als Volk unterschieden werden. An diesem Beispiel läßt sich
die Eigenart ,nominalistischen' Denkens treffend verdeutlichen. ,Volk'
ist nämlich (im Verständnis eines ,gemäßigten Realismus') auch eine
,Sache', wenn man diesen Begriff ampliativ nimmt. Im neuzeitlichen
Verständnis haben Bedeutung, Verstehen, Intentionalität, Erfahrung
nicht nur rein subjektive Dimensionen, sondern können auch Realitä-
ten begründen. Ich verweise wieder auf das zitierte Werk von LONER-
GAN,[152] in dem es heißt: „Gemeinschaft ist nicht nur eine Ansammlung
von Individuen innerhalb einer Grenze, denn das übersieht ihren formalen Bestandteil, nämlich die gemeinsame Bedeutung. Diese gemeinsame Bedeutung verlangt nach einem gemeinsamen Erfahrungsfeld,
und wenn dieses fehlt, verlieren die Leute den Kontakt zueinander. Sie

[151] Vgl. Robert Guelluy, Philosophie et Théologie chez Guillaume d'Ockham. Paris 1947,
     108f.
[152] B. Lonergan/Bernard, aO 354; vgl. Anm. 124.

verlangt nach gemeinsamen oder ergänzenden Weisen des Verstehens, und wenn diese fehlen, beginnen die Leute mißzuverstehen, zu mißtrauen und einander zu verdächtigen und Gewalt anzuwenden. Sie verlangt gemeinsame Urteile, und wenn diese fehlen, hausen die Menschen in verschiedenen Welten. Sie verlangt gemeinsame Werte, Ziele und Verhaltensweisen, und wenn diese fehlen, dann arbeiten die Leute gegeneinander." Ich habe dieses Zitat so ausführlich gebracht, weil es uns erstens Verständnis für einen wohl überlegten Realitätsbegriff eröffnet, zweitens die durchhaltende Problematik des ‚Nominalismus' demonstrieren und drittens zu differenzierendem Urteil über historische Entwicklungen und Phänomene motivieren kann.

In einer anderen Weise zwar, jedoch in gleicher Konsequenz greift diese ‚Methaphysik des Einzelnen' in die klassische Ontologie ein, wenn im zweiten Beispiel Substanz und Akzidens wie Dinge nebeneinander aufgezählt werden [75,5–7].

Diese ‚Metaphysik des Einzelen' verlangt geradezu nach einer ihr entsprechenden Erkenntnistheorie, in der die Wahrnehmung der extramentalen Welt sich in einer Perzeption der realen Dinge vollzieht. Ich verweise auf einen Text in den Conferentiae, der nur zu verstehen ist, wenn der Leser sich dabei diese Verflochtenheit von ‚nominalistischer' Ontologie und Erkenntnistheorie vergegenwärtigt. HOLCOT verspottet seinen Gegner, weil nach dessen Lehre das Ding der Außenwelt beim Erkennen wirklich im erkennenden Subjekt ist und auf dieses verändernd einwirkt. Dabei ist vom geistigen Erkennen die Rede. Der Einwand gilt sowohl für die Geistseele des Menschen wie für den Engel, für dessen Erkennen sich dann eine absurde Konsequenz ergäbe: Der materielle Stein, den ein Engel erkennt, wäre demnach wirklich im caelum empiricum [vgl.]. Sowohl CRATHORNS Position wie HOLCOTS Kritik an dieser sind nur von der auf OCKHAM zurückgehenden Ontologie und Erkenntnistheorie her zu verstehen. Die Differenz zwischen HOLCOT und CRATHORN entsteht bei der Rolle der Species im Erkenntnisprozeß. Für HOLCOT entsteht sie durch die Wiederholung von gleichartigen Sinneseindrücken.[153] Bei CRATHORN spielt sie ihre Rolle als Vermittlerin der Erkenntnis in dem subtilen Erkenntnisprozeß, den ich bereits ausführlich beschrieben habe (vgl. o. S. 10; 13–15). In beiden Fällen tritt uns eine Vorstellung der Species entgegen, die man im weitem Sinne als sensualistisch bezeichnen kann. OCKHAM hat, wie schon gesagt,[154] die Species als Mittlerin der Erkenntnis aufgegeben. Für CRATHORN wie für HOLCOT läßt sich abschließend sagen, daß ihr Species-Begriff zwar auf einer gemeinsamen Grundlage steht, jedoch

[153] Vgl. Die theol. Methode . . . 235.
[154] Vgl. o. S. 8f.

im erkenntnistheoretischen Gebrauch sich als sehr unterschiedlich er-
weist. Nur wenn diese subtilen Grundlagen und die auf ihnen fußen-
den Differenzierungen sorgfältig analysiert werden, ergibt sich der
Sinn der Texte, die für neuzeitliches Denken in den vom scholastischen Autor gewählten Beispielen sonst nicht leicht zugänglich sind.
Ähnlich wie mit dem Begriff ‚Species' verhält es sich mit dem Begriff
‚res'. Dieser Begriff weist ja überhaupt in der Scholastik einen sehr
weiten Bedeutungsgehalt auf, der von der extramentalen materiellen
Welt bis zum Psychischen, Intentionalen, Geistigen, ja Göttlichen
reicht. Hier geht es uns um den Bedeutungsgehalt, den HOLCOT und
CRATHORN damit verbinden, wenn sie die Erkenntnis der Gegenstände
beschreiben. ‚Res' ist für beide der erkannte (oder nicht erkannte) Gegenstand. Beide bezeichnen also mit ‚res' die extramentale Sache, verstehen aber darunter etwas Verschiedenes. Bei HOLCOT bezieht sich
der Ausdruck ‚res' auf die extramentale, einzelne Sache, mag diese ein
materielles Ding oder ein geistiges Wesen sein. CRATHORN versteht
darunter auch das significatum propositionis. Von diesem verschiedenen Verständnis her reden sie aneinander vorbei, obwohl beide in der
Grundlage: ‚res' = Einzelding übereinstimmen. Aus dieser beiden gemeinsamen Bezeichnungsweise folgt bei beiden die Ablehnung der
Relation als einer realen Kategorie. Hiermit gelangen wir zu einem
weiteren Beleg ‚nominalistischer' Argumentation in den Conferentiae.
HOLCOT fragt CRATHORN an, welche res denn der Gegenstand folgender Aussage ist: „Gott ist nicht der Teufel." Es ist weder Gott, noch der
Teufel, sondern die Unterscheidung zwischen beiden, lautet die An-
wort im Sinne CRATHORNS. Da aber die Relation keine unterschiedene
Sache von den unterschiedenen Objekten sondern (auch bei CRAT-
HORN) mit diesen identisch ist, bezeichnet der oben genannte Satz
beide Objekte: Gott und den Teufel [76,18–77,6]. Dieser und den folgenden Passagen [77,6–80,7] liegt die ‚Metaphysik des Einzelnen' zu
Grunde. Der Leser wird Zeuge eines sophistischen Spieles zwischen
zwei ‚Nominalisten', von denen der eine, nämlich CRATHORN, durch
den Begriff des significatum propositionis die Tür zu weiteren Perspek-
tiven öffnet.
Die Textproben aus den Conferentiae sollen hier nur auf die Anwesen-
heit des Problems in den Conferentiae aufmerksam machen. Für ein
tiefer gehendes Studium verweise ich auf das beigegebene Verzeichnis
der Fachliteratur. Ich selbst habe vor, der Problematik von Sein und
Erkennen bei den von mir edierten und dargestellten Magistern des
nachockhamischen Oxford (1332–1333) eine eigene Monographie zu
widmen.
Zum Schluß sei noch auf einige Aussagen in den Conferentiae hingewiesen, die von ausgesprochen theologie-geschichtlicher Bedeutung

sind. Sicher wird bei HOLCOT wie bei OCKHAM der Freiheit Gottes einerseits und der Kontingenz alles Geschöpflichen (und damit dem Handeln Gottes nach außen) ein viel bedeutenderes Gewicht gegeben[155] als bei THOMAS VON AQUIN oder HEINRICH VON GENT oder ANSELM VON CANTERBURY (wenn wir noch weiter zurückgehen). Wir finden dafür bei HOLCOT sehr starke, befremdlich klingende Ausdrücke. So heißt es in einer Quaestio der Determinationes HOLCOTS, daß de potentia dei absoluta Gott die (übernatürliche) Liebe (Caritas) auch einem Menschen verleihen könne, der ihn haßt.[156] Doch muß man solche Aussprüche im Gesamt der Gotteslehre HOLCOTS (wie auch bei OCKHAM) analysieren. Mit dem Begriff der potentia dei absoluta wird zweierlei angezeigt: Die göttliche Gnaden- und Heilsordnung wird nicht aufgehoben. Die Freiheit Gottes in seinem Handeln nach außen soll in einer (in unseren Augen freilich) extremen Weise betont werden. Dazu kommt eine dialektische Gegenüberstellung 1. von Gottes Wirken und menschlichem Tun und 2. vom Habitus und Handeln auf Seiten des Menschen hinzu, eine Art von anthropologischer Anatomie, eine Auswirkung der ‚nominalistischen' ‚Metaphysik des Einzelnen'.[157] Des Menschen Anlagen, Fähigkeiten und Handlungen werden als je einzelne Dinge angesehen, die Gott als die Ersturache aller seienden Dinge jederzeit selbst ohne die Zweitursache realisieren kann. So könnte er auch einen Zustimmungsakt des Geschöpfes selbst wirken.[158] HOLCOT fügt hinzu: „Das wäre dann aber kein Zustimmungsakt." Zum rechten Verständnis dieser ‚nominalistischen' Theologie und ihrer Auswirkungen auf die Philosophie ist es notwendig, daß man den verschlungenen Spuren ihrer Argumentation folgt. So vermeidet man Pauschalurteile und dringt vielleicht bis zum Grund des Phänomens vor und bekommt eine Vorstellung von seiner Wirkungsgeschichte.

---

[155] Vgl. u. a. Philotheus Böhner / Étienne Gilson, Christliche Philosophie. Paderborn ²1954, 619; 624f.

[156] Robert Holcot, Determinationes q.IX (Ink. fol. H vb 52–55): „Et similiter loquendo de potentia dei absoluta deus potest ponere caritatem in odiente se, si vellet, quia hoc fieri nullam contradictionem includit." (Vgl. Die theol. Methode . . . 258, Anm. 6.

[157] So erklärt sich sowohl theologisch wie philosophisch (also innerhalb Holcots Psychologie) die letzte Redewendung (Anm. 156): „. . . hoc fieri nullam contradictionem includit." Was Gott de potentia absoluta zu wirken vermag, kann gar nicht zu seinem Wirken de potentia ordinata in Widerspruch stehen. Gegensätze kann es nur innerhalb spezifisch Gleichen geben. Dies gilt in der Psychologie entsprechend: Gegensätze kann es nur zwischen Habitus und Habitus geben und zwischen verschiedenen Vermögen und verschiedenen Akten.

[158] Vgl. Robert Holcot, Sent. I q.1 (Ink. fol. a III va 49–52): „Dico tamen quod omnem assensum vel dissensum potest deus producere sine intellectu creato; sed illa res, quae est modo assensus, si sic produceretur, non foret assensus." Zum inhaltlichen Zusammenhang vgl. Die theol. Methode . . . 183f; 289; 292. Beachte aber den letzten Satz dieses Zitates!

Über diesen extremen Aussagen zu Gottes Allmacht und Freiheit darf
man nicht die anderen Zeugnisse vergessen, in denen ausdrücklich auf
Gottes Güte und Barmherzigkeit verwiesen wird, mit der er den Menschen umfängt. Darauf wurde bereits hingewiesen.[159] In dieser Sicht
des Menschen vor Gott erhält auch das Gottesbild andere, mildere
Züge, als wenn der Blick bei den Aussagen über Gottes absolute Freiheit stehen bleibt. Freilich wird man eines feststellen dürfen, daß die
beiden Aussagengruppen über Gottes Freiheit und geschöpfliche Kontingenz einerseits und sein Erbarmen mit dem Geschöpf andererseits
nicht miteinander in Einklang gebracht werden, sondern unsyntheti-
sierbar nebeneinander stehen. HOLCOT sagt einmal an anderer Stelle,
daß man über Heilswahrheiten nicht ‚nimis logice‘ handel solle.[160]
Der Begriff der Synthese lenkt unsere Aufmerksamkeit auf ein anderes,
von den Theologen allgemein zugegebenes Kriterium ‚nominalistischen‘
Denkens. J. AUER, dessen Artikel im LThK schon zitiert wurde, hat dies so
formuliert: „Glauben und Wissen, die im Thomismus fast bis an die
Grenze der Entspanntheit harmonisiert erscheinen, werden im Nominalismus bis zum Zerreißen getrennt."[161] Natürlich gilt dies auch für
ROBERT HOLCOT. Doch auch hier kann uns die Analyse der Texte vor
pauschalen Verallgemeinerungen bewahren. Die Conferentiae bieten
uns Beispiele dafür, welche Bedeutung HOLCOT der richtigen Verwendung der natürlichen Geisteskraft, besonders dem Urteilsvermögen,
zumißt. Die Wundertaten Christi helfen jenen nicht zum Glauben, die sie
und die Lehre, mit denen Christus sein wunderbares Wirken verbindet,
nicht mit dem Urteil der Vernunft betrachten [125,12-18]. Ausdrücklich
weist HOLCOT hier wie schon früher [90,11-91,2; 92,1-10] auf das
Mitwirken der Vernunft und damit der natürlichen Kräfte des Menschen
beim Glaubensakt hin. Ein Mißbrauch des Willens und ein Leben, in dem
ein Mensch die Grundsätze des natürlichen Sittengesetzes (principia iuris
naturalis) verachtet, führen in den verschuldeten Irrtum [126,1-6].
Gewiß kommt schlicht gesagt auch für HOLCOT der Glaubensakt als
Heilsakt durch ein Zusammenwirken der Gnade und der natürlichen
Kräfte zustande. Doch dieses Zusammen ließe sich mehr als ein zeit-
liches Miteinander als ein gegenseitiges Durchdringen bezeichnen.
Ein typisches Beispiel für dieses Hineinspielen der natürlichen Kräfte,
besonders der Vernunft, zeigt sich uns in HOLCOTS Begründung
der Glaubensautorität des Gotteswortes in der Versuchungserzählung
Gen 1. Eva hätte allen Grund gehabt, dem Gotteswort mehr zu glau-
ben als den Einflüsterungen des Teufels, da Gottes Rede von größerer
Autorität (maior autoritas) ist [84,12-15].

---

[159] S. o. S. 53.
[160] Vgl. Die theol. Methode . . . 146.
[161] J. Auer, Nominalismus. In: LThK VII, 1020-1023; 1022.

Sucht man also nach einer inneren Verbindung oder gegenseitigen Angewiesenheit von Wille und Gnade, dann wird man bald merken, wie weit dieses Denken von der vorockhamistischen Theologie, besonders von THOMAS VON AQUIN, entfernt ist. Bei THOMAS ist Gott der innerste Urheber der Gnadenbewegung, aber auch der Willensbewegung.[162] HOLCOT sieht beides als ein je eigenes Geschehen. Überhaupt ist das Interesse an den natürlichen Seelenkräften und deren eigenen Werken ein typisches Merkmal ,nominalistischen' Denkens. Die Klammer, die beide Bereiche zusammenhält, ist aus pastoraltheologischer Sicht und Sorge geschmiedet. In der Motivierung der Glaubenspflichten appellierte man in der kirchlichen Gemeinschaft schon immer an die natürlichen Kräfte des Menschen. Er soll seinen Geist nicht durch Mißbrauch verbilden und seine Willenskraft nicht durch Trägheit und Leidenschaft schwächen; dann wird er Gottes Gnade finden und Gott wird ihn finden. In analoger Weise gleicht der Seel-Sorger ROBERT HOLCOT den schroffen Gegensatz zwischen Gottes absoluter Macht und Freiheit einerseits und seinem gnadenvollen Wirken und Sorgen für seine Geschöpfe andererseits aus. In schroffer Weise formuliert HOLCOT zuerst ein Argument für die Allmacht und Freiheit Gottes: Gott könne einem Menschen offenbaren, daß er ihn verdammen oder vernichten werde.[163] Theoretisch folgt aus dieser Aussage kein Widerspruch, wie wir schon gesehen haben. HOLCOT selbst wußte aber, daß sie in den Ohren der Gläubigen äußerst schrill klingen muß. Er gibt zwei Antworten – ich meine, aus dem praktisch-pastoralen Erfahren. Die erste Antwort empfiehlt ein Schweigen über die Dinge, die uns verborgen sind. Nur wer Gott gesehen hat, kann in dieser Frage antworten.[164] In der zweiten Antwort verweist HOLCOT ausdrücklich auf die Gerechtigkeit und Barmherzigkeit Gottes, die ihn dazu führt, eine Tat zu unterlassen, die zwar seiner Allmacht und Freiheit nicht widerspricht. Jedoch: „Gott wird ein Geschöpf ohne dessen Schuld nicht in den Zustand äußersten Elends stürzen."[165] Das würde nämlich eintre-

---

[162] Die klassische Stelle über den Ursprung der menschlichen Willensbewegung in Gott als dem ersten unbewegten Beweger bietet uns Thomas Aq. in der Quaestio disp. De malo, q.6, corp. art. (ed. off. Marietti, Rom/Turin ⁹1953, 559).

[163] Robert Holcot, Qudlibeta (P fol. 208 vb 27–33): „... Deus clare visus potest apprehendi sub ratione summi nocivi, quia stante clara visione potest deus revelare voluntati quod vult eum adnihilare vel dampnare ..." Vgl. Die theol. Methode ... 295.

[164] AO: „Sed quia contra hanc rationem non potest efficaciter argui nisi ab eo, qui deum vidisset, ideo transeo et sufficiunt mihi probalitates ..."

[165] Holcot, Sent. II, q.2 (nach Hss. O fol. 155 ra 56–62, RBM fol. 52 ra 36–43). Text Anm. 140. In anderem Zusammemhang hatte ich bereits auf dieses Bestreben Holcots hingewiesen, über der Freiheit und Allmacht Gottes seine Barmherzigkeit und Liebe im Umgang mit den Geschöpfen nicht zu vergessen. Daß dieses Thema sowohl unter dem Gedanken eines pastoralen Engagements Holcots wie unter dem Stich-

ten, wenn Gott ihm Verdammung oder Vernichtung voraussagte.
Doch beachte man dabei, daß dieses gnadenhafte Wirken Gottes theologisch nicht unmittelbar mit dem göttlichen Wesen verknüpft wird,
sondern durch den Freiheitsbegriff an die Kontingenz gewiesen wird.
Natürlich ist auch in der ‚nominalistischen' Theologie das Wesen Gottes der Ursprung alles Gutseins in Gott selbst und zu den Geschöpfen
hin. Doch die Gewichte verlagern sich im Denken: vom Verstehen des
Wesens zum Erfahren des Personalen hin.

Auch HOLCOT stellt uns nach aller Betonung der Allmacht und Freiheit Gottes ein Gottesbild vor, in dem die Linien der Liebe und Erbar-
mung zum Geschöpf hin nicht fehlen, wie wir es schon bei OCKHAM
beobachtet haben.[166] Worauf J. AUER in dem zitierten Artikel bereits
hinwies,[167] bestätigt sich auch für HOLCOT und seine socii: Diese Theologen waren zumeist auch von einer tiefen Frömmigkeit, sicher alle im
christlichen Glauben fest verwurzelt und als Theologen befähigt, sich
den Aufgaben und Problemen ihrer Zeit zu stellen. Die Gelehrsamkeit
und Aufrichtigkeit, wie sie dies taten, hat bewirkt, daß ihr Werk auch
heute noch von Bedeutung sein kann, je mehr es uns gelingt, aus den
Quellen das Eigentliche und bleibend Gültige ihrer theologischen und
philosophischen Reflexion zu schöpfen. Gerade die geschichtliche Distanz kann uns in den Stand setzen, der Bedeutung jener Theorien und
Opiniones für ihre Zeit besser gerecht zu werden und zugleich einige
Früchte und Hilfen für die Bewältigung der gegenwärtigen Aufgaben
in Theologie und Philosophie zu empfangen.

---

wort „Nominalismus" auftaucht, kennzeichnet gut die eigene Rolle unseres Magisters.
Es bestätigt auch das Urteil Auers, an das anschließend erinnert wird (Anm. 167).
[166] Vgl. o. S. 55.
[167] Vgl. Anm. 161, bes. S. 1022.

Teil II

TEXTE

Robert Holcot: Sex articuli per modum conferentiae disputati.

Tabula codicum

Royal British Museum, London. 10 C VI (RBM)
Pembroke College, Oxford. 236 (P)
Balliol College, Oxford. 138 (B)
Oriel College, Oxford. 15 (O)
Corpus Christi College, Oxford. 138 (C)
Vat. Cod. Ottob. 591 (Ex codicibus Joannis Angoli Ducis ab Altaemps) (Vat)
Codex Engelbergensis (E)
Inkunabel: Lugduni 1497, Johannes Trechsel. (ℑ)
Descriptionem codicum praecipuorum, in quibus hoc opus Roberti Holcot inveniri potest, dedi in opere meo: Die theologische Methode des Oxforder Dominikanerlehrers Robert Holcot. In: BGPhMA, Neue Folge Bd 5, Münster 1972.
Vide Paginas 399, 408, 409, 410, 411, 412.

Tabula articulorum

Series articulorum (non in omnibus codicibus)
1. Quod obiectum scientiae, fidei et opinionis et universaliter omnis notitiae assertivae est complexum et non res significata per complexum. [67]
2. Quod liberum arbitrium non sufficit ad actum credendi ita quod aliquis praecise credat aliquam propositionem esse veram, quia vult eam credere esse veram. [82]
3. Quod cognitio creaturae est res distincta a creatura. [104]
4. Articulus quartus coincidit cum tertio. Ideo dicendum sicut ad tertium (Sic tantum in ℑ).
5. Quintus (Quartus P) articulus fuit: Casu posito homo potest meritorie frui creatura. [108]
Finis huius articuli est finis articulorum in Codicibus et in ℑ. Sed ℑ addit: De sexto articulo patuit alibi.

<Introductio>

Hic incipiunt sex articuli de diversis materiis prius tactis, contra quos reverendi socii rationabiliter institerunt.

Primus articulus fuit quod obiectum scientiae, fidei et opinionis et uni-
5 versaliter omnis notitiae assertivae est complexum et non res significata per complexum.

Secundus articulus fuit quod liberum arbitrium non sufficit ad deter-
minandum intellectum hominis ad actum credendi, ut ideo aliquis praecise credat aliquam propositionem esse veram, quia vult eam cre-
10 dere esse veram.

Tertius articulus fuit quod omnis cognitio creaturae est aliqua res distincta a creatura cognoscente.

Quartus articulus quod omnis cognitio creaturae causatur effective a creatura cognoscente saltem sicut a causa partiali et recipitur in ea-
15 dem sicut accidens in subiecto.

Quintus articulus fuit dictus in materia de fruitione q.3 Super primum et fuit talis: Casu possibili posito homo potest licite et meritorie frui creatura.

---

2   Hic ... de] Quatuor (Sex C) sunt articuli quos in C P, sex sunt articuli in E
2 - pag. 67,2 Hic ... successive *om.* Vat.
2   prius tactis] dixi C P, discurrentes E; reverendi] quidam RBM
3   rationabiliter] potenter P
3   institerunt] primus articulus incipit hic *add.* RBM
4   Primus articulus] quorum primus P; fuit quod] est utrum E; obiectum *add. in*
          marg. P; scientiae *add. sup. lin.* RBM, *om.* B
5   omnis] omnes RBM
7   fuit *om.* E; quod] per C
8   hominis *om.* C P
8   ut] et E
9   praecise ... veram ∼ P; aliquam ... veram *add. in marg.* P
11   articulus fuit *om.* P
11   creaturae] creare C
11   aliqua *om.* C P; creatura] causa C, *om.* P; creatura cognoscente ∼ E *et add.:*
          saltem sicut a causa partiali et reperitur in eadem sicut accidens in suo sub-
          iecto
13   articulus *om.* B RBM
13-15   Quartus ... subiecto *om.* E P
13   effective] affective C
14   recipitur] requiritur Ϛ
16   Qintus] quartus E P
16   fruitione] viae *add.* B E RBM
16   q.3 *om.* E; talis] quod *add.* P
17   homo] habet B C
18   creatura] causa C

17s   Robert Holcot, Sent I, q.4 T (Ϛ fol. d VIII rb 51 - va 5): „... homo potest licite
          et meritorie frui quacumque creatura. Probatur sic: Videat Petrus Christum et

Sextus fuit quod in casu posito possibili idem actus numero est meritum et demeritum successive.

Primus articulus

Contra tres primos articulos arguit quidam socius reverendus in sua prima lectione Super bibliam, sicut audistis, et primo contra primum, 5 quando dicitur quod cuiuslibet notitiae assertivae sive scientiae sive fidei vel opinionis obiectum est complexum et nulla res extra animam significata per terminum vel terminos talis propositionis. Et arguitur primo sic: Capiatur aliquis, qui a sua nativitate fuit tam surdus quam caecus. Iste numquam audivit propositionem vocalem nec vidit scrip- 10 tam. Igitur numquam formavit in se propositionem mentalem. Ista consequentia probatur quia apud sic opinantem suppositio est quod omnis propositio mentalis est naturalis similitudo propositionis vocalis

---

1/2   Sextus . . . successive *om.* P, sextus articulus fuit quod omnis actus creaturae est res distincta a creatura E

4   *Ms* Vat *hic incipit et add. in marg.:* Crathorn; tres primos ~ B RBM; articulos *om.* B RBM; tres . . . articulos] tertium E; primos articulos ~ C

4/5   in . . . lectione ~ Vat

4/5   reverendus . . . audistis *om.* P; sicut audistis *om.* C

5   contra primum *om.* Vat, quando primum *add.* E

6   assertivae] assensivae C E; sive[1]] seu C; sive[2]] vel C

7   vel opinionis *om.* E; vel] seu C; nulla] non P; extra animam *om.* P, animam *om.* E

8   significata] figurata C; terminum . . . talis] terminos talis propositionis vel terminum B RBM; terminum vel *om.* P

8   propositionis] nulla res dico extra animam *add.* P; talis propositionis] propositionum B; propositionis] proponere RBM; Et *om.* B C RBM

9   primo sic ~ B RBM; qui *om.* Vat; a] in B; fuit *om.* Vat; quam] quod B

10   caecus] secus B RBM; Iste] ipse P, ille B

10/11   audivit . . . scriptam] vidit porpositionem scriptam nec audivit unquam propositionem vocalem C E P, propositionem] formam C

10   vidit] propositionem *add.* Vat.

11   Ista *om.* E P, illa B

12   consequentia *om.* C RBM Vat; probatur] probantur P; sic] istum C E P Vat; suppositio est] supponitur E

13   naturalis *om.* E; vocalis] et hoc naturalis *add.* E

Jacobum et aestimet Jacobum esse Christum et stante isto errore invincibili in Petro volo quod Petrus velit Jacobum esse deum et diligat eum super omnia, iste fruitur creatura et tamen meritorie, quia ignorantia sua est invincibilis . . ."

vel scriptae. Sed naturalis similitudo propositionis vocalis non causatur
in homine naturaliter, nisi aliquando audiet, nec naturalis similitudo
propositionis scriptae causatur in anima hominis nec causari potest naturaliter, nisi viderit aliquando. Igitur si iste numquam vidit nec audi-
5 vit, numquam habuit in se propositionem mentalem, et tamen certum
est quod talis multa posset scire, puta quod ignis est calidus et quod
Sortes est bonus homo, vel opinari vel credere. Igitur aliquis potest
credere, scire et opinari, et tamen nullum complexum erit scitum ab
eo.
10 Secundo sic: Accipio unum puerum recenter natum. Iste numquam
formavit propositionem mentalem nec audivit forte vocalem nec vidit
scriptam et tamen scit vel credit quod lac est dulce ad gustandum.
Igitur non omne scitum vel creditum est propositio vel complexum.
Tertio sic: Agnus videt lupum et statim credit eum esse inimicum, et
15 tamen agnus non format complexum. Similiter corvus faciens nidum
iudicat quod una virgula melius iacet uno modo quam alio, et non
format aliquod complexum nec habet notitiam alicuius propositionis
complexae.
Quarto quia Iudaei credunt illud esse futurum, quod nos credimus esse
20 praeteritum. Sed illud, quod ipsi credunt esse futurum, non est propo-

---

1   vel] et P; scriptae] est naturalis similitudo propositionis scriptae E
1/2   Sed ... aliquando] causata (et causatur B RBM) in anima hominis nec causari
         poterit (potest B RBM) naturaliter, nisi viderit alibi (aliquando B RBM) P, ∼ E
1–3   vocalis ... propositionis *om.* C
4/5   vidit nec audivit] audit RBM, audivit B, nec etc. *add. in marg.* RBM; nec] vel P
5   tamen *om.* P
6   multa posset ∼ P; quod²] omnis *add.* E
7   est *om.* Vat; homo *om.* Vat
7/8   Igitur ... opinari *om.* B RBM; et¹] vel C
8   nullum] verum *add.* P; erit] est P; scitum] vel est scitum *add.* B RBM, *om.* E
10   unum *om.* B RBM; recenter] recentum B; Iste] ipse B RBM
11   forte vocalem ∼ C P, forte *om.* E
12   scit] sit RBM
13   non ... complexum ∼ E *et add.* ab eo; scitum vel creditum ∼ C P, scitum vel
         auditum Vat; propositio vel *om.* C P Vat
14   credit eum] cognovit ipsum B RBM
16   melius iacet ∼ P; et] tamen *add.* E P
17   aliquod *om.* E
18   complexae] igitur *add.* P
19   quia *om.* E; futurum] venturum P
20   illud *om.* B RBM
20 – pag. 69,1   Sed ... propositio *dupl.* RBM
20   esse *om.* B RBM; non] quod nos credimus esse praeteritum *add. et del.* C; est *om.* B
20 – pag. 69,3   Sed ... propositiones *abbreviatum in* E

sitio, nec illud, quod nos credimus esse praeteritum, est propositio,
quia credimus incarnationem Christi esse praeteritam et mortem Christi et multa huiusmodi, quae non sunt propositiones.

Similiter credat aliquis quod anima Antichristi erit in a vel quod virgo
peperit; non potest dici quod talis credat propositiones. Propter ista 5
motiva tenet iste socius quod obiectum cuiuslibet notitiae assertivae,
sive sit scientia sive sit opinio sive sit fides, est significatum per propositionem et non ipsa propositio. Et ad argumenta mea respondet, sicut
audietis.

Arguebam enim pro opinione mea primo sic: Tantum verum scitur; 10
nulla res significata per propositionem est vera; igitur nulla res significata per propositionem scitur.

Secundo sic: Capio hanc negativam: ‚Homo non est asinus‘, et quaero,
quae res est significatum istius propositionis? Non homo, quia eadem
ratione asinus. Si utrumque, tunc aliqua res est homo et asinus, quia 15
significatum propositionis est una res scita secundum istos, et sic aliqua res foret deus et diabolus, quia significatum istius propositionis:
‚Deus non est Diabolus‘.

---

1   illud *om.* P
2   quia] quod C; Christi *om.* C P Vat
3   multa *om.* B RBM; huiusmodi *om.* C P Vat
4   Antichristi] Christi P
5   credat] credit E P; propositiones] propositionem Vat
6   iste] ille B; cuiuslibet] cuiuscumque C; assertivae] assensive C; sit^2 *om.* C
7   sive^2 sit opinio *om.* Vat; sit^2 ... fides ∼ P; sit^3 *om.* C P Vat; significatum] res
        significata E
8   ipsa *om.* B RBM; mea *om.* P
9   audietis] et *add.* P, audistis B
10   enim *tantum in* E
11   per propositionem *om.* Vat
11/12   nulla ... scitur] etc. E; res *om.* C
12   scitur] praeterea *add.* C P Vat
13   quaero *add. in marg.* RBM
15   Si] autem *add.* Vat, *scilicet* C; tunc *om.* E
16   significatum ... istos ∼ P Vat
17   quia] scilicet E; istius] huius P

---

5   Cf. Crathorn, q.4; ed. H. 269,25–270,4.
10   contra Cr *add. in marg.* C.

Item tertio sic: Aliquis opinatur quod Caesar fuit et quod Antichristus erit. Igitur significatum illius propositionis est aliqua res alia a propositione, non nisi Caesar vel Antichristus. Igitur Caesar est res et Antichristus similiter. Et constat quod si sint res, non sunt aliae res quam
5 homines. Igitur Caesar et Antichristus sunt homines.

Quarto arguebam sic: Idem est primo dubium et postea scitum, quia quaestiones sunt aequales numero hiis, quae vere sciuntur. Sed nullum incomplexum est dubium, sed complexum tantum. Igitur tantum complexum est dubium, et ultra igitur tantum complexum est sci-
10 tum.

Similiter tantum conclusio demonstrationis scitur apud ARISTOTELEM sicud patet Primo Posteriorum et Secundo. Igitur etc.

Ad primum istorum respondet negando minorem istam scilicet: ‚Nulla res significata per propositionem est verum‘, et quod haec sit falsa,
15 probat per diffinitionem propositionis, quam dat BOETHIUS et habetur

---

1   Item *om.* B E
2   significatum *om.* P; illius] istius B
2   illius propositionis] istius obiectum P; significatum . . . propositionis] istius opinionis obiectum C Vat E *sed om.* istius
2   res alia ∼ P
3   Caesar[2]] Antichristus P
3/4   Antichristus] Caesar P; quod *om.* Vat; sint] sunt C
4   res[1]] tres C
5   homines] homo Vat; Igitur] ergo sequitur quod E
7   numero *add in marg.* RBM
7   vere *om.* RBM; Sciuntur] scimus C E P Vat
8   sed . . . tantum *add. in marg.* RBM, *om.* B P, sed tantum conplexum est dubium E Vat, et per consequens scitum *add.* E; sed] et ultra E; tantum[1]] est dubium C
9   dubium . . . est *om.* RBM
8–10   Igitur . . . scitum *om.* E; Igitur . . . dubium *om.* C
12   etc. *om.* Vat
13   minorem] b E; scilicet] videlicet P
14   per propositionem *dupl.* RBM; verum] vera E P; et *om.* B; haec *om.* B RBM, hoc C; sit falsa ∼ C
15   probat] patet dicit ipse Vat; et] ut C

7s   Cf. Aristoteles, Analyt. Post. II, c.1 (89 b 23).
8ss   Cf. Guilelmi de Ockham, Summa logicae III - 2 c.9 (ed. St. Bonaventure, O.P. I, 521). Robertus Grossetesta, In Aristotelis Anal. Post. I, c.1, t.1 (ed. Venetiis 1521).
11   Aristoteles, Analyt. Post., I, c.1–2 (71 a 1–72 b 4).
15   Boethius, In librum De interpretatione ed. 2ᵃ (PL 61,454): „Est enuntiatio vox significativa verum falsumque significans." Idem, De differentiis topicis libri quatuor, liber I (PL 61,1174 B): „Propositio est oratio verum falsumve significans."

in Summulis quod propositio est oratio indicativa verum vel falsum significans. Igitur secundum hunc significatum alicuius propositionis est verum et significatum propositionis est aliquid distinctum a propositione, et ideo non semper, cum intelligitur verum, intelligitur propositio vera. Sed res significata per propositionem est verum et illud sci- 5 tur.

Ad secundum respondet quod ille, qui scit quod homo non est asinus, scit significatum illius propositionis, et illud est verum. Et quando quaeritur, quae res est significatum, dicitur quod nec praecise homo nec praecise asinus, sed distinctio essentialis vel localis naturae homi- 10 nis et asini. Unde bene concedit quod deus posset facere hominem esse asinum per hoc solum quod poneret hominem et asinum in eodem loco.

Ad tertium quando arguitur, aliquis habet opinionem de ista: ‚Caesar fuit‘, concedit; sed obiectum illius opinionis est significatum huius pro- 15 positionis: ‚Caesar fuit‘; et quando quaeritur, quid est significatum huius propositionis: ‚Caesar fuit‘, respondet quod praeteritio Caesaris. Et

1	Summulis] Summa E; indicativa *om.* C P
2	secundum hunc *om.* B C P RBM
2/3	Igitur . . . et] iudicandum ergo E
3	est² . . . distinctum ∼ RBM *et om.* aliquid, *etiam om.* B
4	ideo *om.* E; cum] quando E
5	verum] vera C E; illud] illa C, idem P, ita E; scitur] intelligitur E
7	ille] iste Vat; quod² *add. sup. lin.* RBM
7	non *om.* E; asinus] sciens B, azinus RBM; asinus] ille *add.* P
8	illius] istius C, huius P
9/10	homo nec *add. in marg.* RBM
10	praecise *om.* RBM
10	asinus] azinus B; sed] est *add.* Vat; distinctio] demonstratio *et corr in marg.* RBM, distinctio] realis *add.* Vat; naturae] ipsius *add.* Vat
11	Unde] ipse Vat; posset] potest C P
12	asinum²] azinum B
14	tertium] respondet *add.* P; quando arguitur *om.* Vat; habet *om.* C
15	fuit] hoc *add.* B RBM; sed] quod P; illius opinionis *om.* Vat
15	opinionis] propositionis RBM; huius] istius Vat
16	Caesar *add. in marg.* RBM, *om.* B E; fuit *om.* E
17	propositionis] significationis B; Caesar fuit *om.* B RBM; fuit *add.* tunc P; quod *om.* Vat

Petri Hispani Summulae Logicales cum Versorii Parisiensis Expositione tract. I (Venetiis 1572), fol. 13ʳ: „Propositio est oratio verum vel falsum significans indicando, ut homo currit."
Cf. Guillelmus de Ockham, Expositio in Librum Perihermeneias Aristotelis, c.4. O.P. II, 391.
Cf. Petrus Hispanus, Summulae logicales, ed. Bocheński, 1,07: „Propositio est oratio verum vel falsum significans iudicando."

si quaeratur de significato istius: ‚Caesar non est‘, quia verum est quod
de illa negativa feci argumentum, respondet quod sicut significatum
illius ‚Caesar est‘, est existentia Caesaris vel copulatio Caesaris ad instans praesens, ita significatum istius: ‚Caesar non est‘, est non-existen-
5 tia Caesaris vel non-copulatio Caesaris ad instans praesens. Similiter de
significato illius: ‚Antichristus erit‘, dicit quod significatum illius propositionis est futuritio Antichristi vel copulatio Antichristi ad futurum. Et
si quaeratur, quae res est futuritio Antichristi, dicitur quod est nichil,
et tamen haec est vera: ‚Antichristus erit‘, quia significat verum, et
10 illud verum, quod est significatum huius propositionis vocalis: ‚Antichristus erit‘, est obiectum opinionis, qua aliquis opinatur quod Antichristus erit. Illud tamen significatum nihil est, et sic habet concedere
quod aliquod verum nihil est.

Ista scripsi cum taedio et cum verecundia recito, ne diceretur quod
15 non dignarem recitare dicta socii contra me. Nihil tamen video in istis,
quod quemcumque puerum deberet movere nisi fortasses ad risum.
Tamen propter reverentiam dicentis ista arguo quaedam contra dicta.
Dicit enim quatuor.

---

1   istius] huius propositionis P, *om.* B; verum est ∼ Vat
2   de illa] pro ista RBM, per illa B; feci] fecit B
3   illius] istius C, huius P; existentia] essentia E, illius *add.* RBM Vat; vel] et
        RBM
3   copulatio] essentiae *add.* E
4   est^1] quia verum est *add. et del.* C; est^2] eius C
5   Cesaris^2] illius P
4/5   ita . . . praesens *om.* E
5   Similiter] dicit *add.* P
6   illius^1] huius propositionis P, istius Vat; illius^2] huius P, istius C Vat
7   ad] aliquod *add.* B RBM; Et] et sic E
8   Antichristi *om.* Vat
8   dicitur] dicit E Vat; est^2 *om.* E; est nihil ∼ B RBM
9   tamen] quod *add.* E; et . . . erit *dupl.* E
9   Antichristus] quia significat *add. et del.* RBM; significat] significati RBM
10   huius] istius Vat
10   vocalis] verae B RBM
11   qua] quia E
11   aliquis] quis RBM Vat
14   taedio] labore E; cum^2 *om.* Vat
15   dignarem] dedignarer C E P
15   recitare . . . me ∼ P
15   Nihil] non E; tamen] tantum RBM; video *om.* RBM, est B; quod *om.* E
16   deberet *om.* E; fortassis] forte B P
17   ista *om.* E P
17   quaedam contra dicta] contra quaedam hic dicta P, sic quae contra dicta
        RBM
18   Dicit . . . quatuor *om.* E *et add.:* Dixit enim

Primo quod significatum propositionis est res distincta a propositione tam vocali quam scripta quam mentali. Secundo quod significatum per propositionem est primo scitum, creditum, opinatum, dubitatum et sic de aliis. Tertio quod significatum per propositionem est verum vel falsum. Quarto quod est dare propositionem veram, cuius significa- 5 tum nihil est, et tamen illud significatum est verum, sicut dicit de talibus: ‚Caesar fuit‘, ‚Antichristus erit‘ et huiusmodi, contra quod tamen nescio arguere, cum concedit idem esse verum et nihil et apud me omne verum est aliquid. Quinto quod deus potest facere aliquem hominem esse asinum solum ponendo hominem et asinum in eodem 10 loco.

Contra primum arguo sic: Quaero quando dicit quod significatum propositionis est res distincta a propositione, aut intendit quod generaliter significatum propositionis sit aliqua una res, sicut dicimus quod lapis est una res vel calor est una res, vel intendit quod iste terminus ‚signi- 15 ficatum propositionis‘ sit quoddam nomen collectivum supponens pro multitudine rerum significatarum per terminos propositionis, sicut dicimus quod multi homines sunt unus populus et multi lapides simul iacentes sunt unus acervus. Vel intendit dicere quod in quibusdam propositionibus est primo modo sicut in istis: ‚Sortes est‘. ‚Deus est‘, et in 20

1/2	a propositione tam ~ Vat; vocali] vocabuli RBM; quam¹ *om.* B; quam²] et C E P Vat
3	opinatum dubitatum ~ E P, dubium P
4	per propositionem] propositionis E
6	est verum ~ P Vat; dicit *om.* P Vat, dixit E
7	fuit] et *add.* Vat; et huiusmodi *om.* E P; quod] quae Vat
8	concedit] concedat C RBM
8	verum et nihil ~ B C RBM Vat
9	Quinto] dicit *add.* P
9	aliquem *om.* B C E
10	et asinum *om.* P
11	loco] cum asino *add.* P
12	arguo] arguitur E P; Quaero] primo B RBM
14	sit] est P Vat; una *om.* E
15/16	significatum] illius *add.* E
16	collectivum] connominatum *add. et del.* RBM, colectivum *in marg.*
17	per terminos] istius E
18	multi¹] infiniti Vat; sunt] sint Vat
20	est³] homo est animal *add.* C E RBM; in² *om.* E P Vat

1	Holcot contra C *add. in marg.* C.
1/2	Cf. Crathorn, Quaestiones, q.4, ed. Hoffmann 271,19–24.
2–4	Cf. ibid. 271,25–272,4.
4/5	Cf. Crathorn ibid. 270,10–27.
20	*Vide ad propositionem:* ‚Deus est homo est animal‘ (C E RBM): Holcot, Sent. II, q.2, a.4 (ℨ fol. f VIII vb 30 s).

consimilibus, ubi non significatur nisi una res. Et in quibusdam est secundo modo sicut in istis: ‚Sortes est albus.‘ ‚Aer est lucidus‘, et in
consimilibus, ubi importantur plures res. Et in quibusdam est neutro
modo, sed quarundam propositionum significatum est nihil.
5 Primum est nimis extraneum dicere videlicet quod cuiuslibet propositionis significatum sit una res, substantia vel accidens, distinctum a
propositione. Nam capio veritatem istius: ‚Homo non est asinus‘, et
pono quod nullus homo sit nec aliquis asinus sit, quaero tunc, quae res
est significatum illius propositionis: deus vel creatum? Et patet quod
10 non est maior ratio quare deus quam creatura, nec quod una creatura
magis quam alia, et sic quaelibet res vel nulla erit significatum illius
propositionis; sed non quaelibet, igitur nulla.
Praeterea ipsemet concedit quod quarumdam propositionum significatum est nichil, sicut superius dictum est. Et cum hoc non stat quod cu-
15 iuslibet propositionis significatum sit aliquid, nisi idem sit aliquid et nihil.
Si dicatur secundo modo quod generaliter cuilibet propositioni corres-
pondet pro significato una multitudo rerum significatarum per partes
talis propositionis, contra hoc est dictum suum proprium videlicet
quod alicuius propositionis nichil est significatum. Similiter est contra
20 aliud, quod ipse dicit videlicet quod significatum propositionis est res

---

1	in] ibi C; est] esse E
2	in² *om.* Vat
4	quarundam] quorundam C; significatum *om.* E
5	videlicet *om.* E
5	cuiuslibet] cuiuscumque P; propositionis *om.* E
6	res *om.* B C E RBM Vat; distinctum] distincta P
7	istius] illius RBM
7/8	et pono . . . asinus *om.* B
8	sit²] sic B, *om.* P; quaero] quaeritur RBM
8	tunc *om.* C E Vat
9	illius] huius P
10	est *om.* P; quam] vel Vat
11	magis] plus P, maius E
11	illius] istius C P
12	sed] et C RBM Vat; nulla] res *add.* E
15	idem] illud RBM, significatum *add.* Vat
16	dicatur] quod *add.* Vat
17	pro significato *om.* E
17	multitudo rerum ∼ P
17	significatarum] singularum RBM
18	talis] illius B C RBM Vat, alicuius E; hoc *add. in marg.* RBM
19	alicuius] significatum E; est¹ *add. sup. lin.* RBM
19/20	nichil . . . propositionis] est sua substantia nec accidens distinctum a proposi-tione; nam capio veritatem illius: homo est asinus, et pono quod nec homo sit nec aliquis asinus sit, quaero quae res est significatum *add. et del.* E
20	est] una *add.* E

distincta a propositione, quia nulla multitudo rerum discontinuatarum est res sicut nulla res est populus. Unde multitudo significata per istam: ‚Sortes est albus', vel ‚Homo non est asinus' non est aliqua res, quia aut substantia aut accidens. Et cum non sit maior ratio, quare unum quam reliquum, sequitur quod est substantia et accidens, et ali- 5 qua res est homo et asinus, et aliqua res est deus et diabolus, quod est inconveniens. Nec sequitur: Aliqua multitudo est deus et diabolus; igitur aliqua res est deus et diabolus. Unde relinquitur quod minus inconveniens est quod tertio modo intelligatur illa positio, sic videlicet quod alicuius propositionis significatum sit una res et alicuius propositionis 10 significatum sit una multitudo rerum et alicuius propositionis significatum est nichil.

Et ideo sic intellecta ista positione mirabili arguo sic: Capio istas duas propositiones: ‚Deus est.' ‚Deus non est', et quaero utrum una et eadem res sit significatum utriusque vel alia et alia. Si una res sit signifi- 15 catum utriusque, igitur significatum unius contradictoriorum est significatum alterius. Sed secundum hanc positionem significatum proposi-

---

1	discontinuatarum] distinctarum RBM
2	est¹] alia *add.* RBM; Unde] sicut Vat
2/3	per istam *om.* Vat
3	est³ *om.* C
4/5	aut ... est] sic aliqua res est C RBM
4/5	Et cum ... accidens *om.* B
4–8	aut ... diabolus] si esset aliqua res, esset substantia vel accidens, et aliqua res, quae est homo et asinus, et aliqua res, quae est deus et diabolus E
5	est] erit P
5/6	aliqua] aliquas Vat
6	est¹⁺² *om.* B C RBM
6–8	quod ... diabolus *om.* Vat
8/9	minus *om.* E; inconveniens est ∼ E
9	intelligatur] intelligitur B C RBM, ratio vel ista *add.* E; illa positio] ista propositio B P Vat, ista positio C
10	sit] est C
10/11	sit ... significatum *om.* B
10	una *om.* B C RBM Vat
11/12	significatum ... nihil ∼ B C E RBM Vat; est] sit E
13	ista positione ∼ Vat
13	duas *om.* C P Vat
13s	nota contra opinionem *add. in marg.* RBM.
14	utrum] an sit B RBM; et eadem *om.* B C RBM Vat
15	sit *om.* B RBM; res *om.* P
15/16	vel ... utriusque] si sic E *et add. et del.* tantum
16	igitur *om.* Vat
16	significatum ... contradictoriorum ∼ E
17	positionem] opinionem E

tionis verae est verum [et significatum propositionis falsae est falsum].
Igitur utriusque partis contradictionis significatum est verum, igitur
utrumque contradictoriorum est verum, et ultra: Igitur contradictoria
sunt simul vera. Et si dicatur quod alia res est significatum istius pro-
5 positionis: ,Deus non est' ab ista, quae est significatum istius propositionis: ,Deus est', et constat quod nulla res nisi deus ponitur secundum
eum significatum istius ,Deus est', igitur aliqua creatura est significatum illius: ,Deus non est': Quaero an sit substantia vel accidens. Et sive
sic sive sic, destruatur illa creatura et sequitur quod falsitas istius:
10 ,Deus non est' ipsa propositione manente destrueretur. Et sic possibile
est quod haec propositio ,Deus non est' maneat nec cadat a sua significatione per novam impositionem et tamen quod non sit falsa et sic
simul erunt duo contradictoria de praesenti, quorum neutrum erit falsum. Quod est impossibile manifestum.
15 Si dicatur quod altera significat aliquid, puta affirmativa, sed negativa
nichil, contra: Ipse dicit quod significatum talis negativae: ,Homo non
est asinus', nec est homo praecise nec est asinus praecise sed distinctio

---

1   [et . . . falsum] *om.* B C E RBM Vat
2   partis contradictionis] propositionis E; significatum *dupl.* C
2   Igitur . . . verum *om.* P
2   verum] igitur utrumque duorum contradictoriorum significat verum E
2/3   igitur . . . verum *om.* RBM
3   est] significat C; et ultra *om.* E; Igitur] et sic E
4   sunt simul ∼ Vat; Et *om.* C E Vat
4/5   istius propositionis] huius P
5   ab ista] alia Vat, ab illa C
5/6   Deus . . . est] Deus est et alia alterius P
5/6   propositionis *om.* Vat
6/7   nisi deus *om.* Vat; ponitur] ponetur C P, poneretur E *et* ∼, ponatur P; secundum
         eum *om.* P; istius] illius RBM
7   est²] erit C, ponetur P
7–9   significatum² . . . creatura *om.* E
8   an sit] aut B C RBM; vel] aut B C RBM
9   sive sic *om.* C; destruatur] destruitur RBM; illa] ista RBM
9   istius] illius RBM
10   propositione *om.* P; destrueretur] destruetur C RBM Vat; sic *om.* C
11   a] in P
12   per] quamcumque *add.* C E P Vat; quod *om.* B C E RBM
13   simul *om.* B RBM; erunt] vera *add.* P, sunt E; praesenti] vel saltem *add.* P; erit]
         est B C RBM; falsum *om.* Vat
14   impossibile manifestum ∼ P; manifestum] est *add. et del.* RBM, *om.* E
15   altera] alterum RBM, aliqua E; significat] sit Vat
16   contra] quoniam P; dicit *om.* P
17   est homo ∼ Vat; est asinus² ∼ Vat; homo *om.* P; est³ *om.* C E P
17   distinctio] demonstratio *sed del. et corr. in marg.* RBM

hominis ab asino. Igitur pari ratione significatum illius: ‚Deus non est‘ erit distinctio dei a quocumque ente. Similiter veritas illius: ‚Deus non est diabolus‘ est distinctio dei a diabolo. Sed distinctio dei a diabolo non est aliqua res sed est deus et diabolus secundum eum etiam, quia negat relationes esse res distinctas ab absolutis. Igitur haec est vera: 5 ‚Deus et diabolus sunt una veritas.‘ Et similiter destruatur diabolus et tunc oportet eum concedere quod veritas illius est destructa et per consequens: Si diabolus esset adnichilatus et haec propositio maneret: ‚Deus non est diabolus‘, idem significans continue sine nova impositione non foret vera. Si dicatur quod immo foret vera, sed alia veritate, 10 quia veritas illius primo fuit deus et diabolus, et nunc veritas illius: ‚Deus non est diabolus‘, non est nisi solus deus, contra: Tunc pari ratione falsitas illius: ‚Deus est diabolus‘, diabolo adnichilato foret deus, et sic esset concedendum quod deus esset falsitas infinitarum propositionum sicut istarum: ‚Deus est Antichristus‘. ‚Deus est Caesar.‘ ‚Deus 15 est Plato.‘ Quod si concedatur, nimis protervitur contra rationem.
Et similiter tunc habet concedere quod veritas illius: ‚Deus non est diabolus‘, est falsitas illius: ‚Deus est diabolus‘, et quod deus simul et se-

---

1	illius] istius C Vat, huius P
2	erit] est Vat; distinctio] demonstratio *sed del et corr. in marg.* RBM; veritas illius] istius propositionis P
2/3	Similiter . . . diabolus *dupl.* E, diabolus] quae *add.* E
3	distinctio²] demonstratio *sed del. et corr. in marg.* RBM; Sed . . . diabolo *om.* E
4	secundum . . . etiam ~ C E Vat; etiam *om.* B P; quia] qui Vat
5	absolutis] istis E
6	Et *om.* B RBM
7	eum] dicere et *add.* B, *om.* E; concedere] dicere P; quod] diabolus *add.* Vat
7	illius] istius C P Vat, huius E
8	haec] adhuc E
9	diabolus] et tamen *add.* E
9/10	impositione] haec *add.* C RBM, et *add.* E
10	vera² *add. in marg.* RBM
11	illius¹] istius C P, huius E; veritas . . . nunc *om.* Vat
11	primo] prius C E RBM; illius²] istius C P
12	Deus . . . diabolus *om.* P
12	Tunc *om.* E
13	illius] istius C P Vat; diabolo . . . deus] non est nisi solus deus adnihilato diabolo E
14	esset¹⁺²] foret Vat
15	sicut *om.* B C E RBM; istarum] talium B C E RBM, sicut istarum *om.* Vat.
15/16	Deus est Plato] et sic de consimilibus P; concedatur] concedantur P
16	protervitur] protervit P
17	similiter] sic E; illius] istius C P
18	illius] istius C P Vat

mel est veritas et falsitas duorum contradictoriorum et veritas unius
est falsitas alterius. Et habet etiam concedere quod falsitas est colenda
et summe adoranda et diligenda et quod beatitudo consistit in falsitate
et multa talia facile est concludere de hoc dicto, quo conceditur quod
5 falsitas illius: ‚Deus est diabolus‘ est deus. Si vero dicatur quod significatum illius propositionis: ‚Deus est diabolus‘ non est praecise deus,
sed deus et aliquid aliud a deo, adnichiletur illud aliud, quodcumque
fuerit, et tunc habebo isto adnichilato vel quod haec propositio est
modo mutata in significando ‚deus est diabolus‘ et non erit falsa, vel
10 quod erit falsa et deus est falsitas illius propositionis vel necessitabitur
redire ad veritatem et concedere quod falsitas propositionis falsae non
est nisi propositio falsa.
Praeterea quid est significatum illius scilicet: ‚Si Chimaera est chimaera, Chimaera non est Caesar‘ et quae res est veritas illius? Planum est
15 quod nec fingi potest secundum eum.
Praeterea si significatum vel veritas propositionis sit multitudo rerum
significatarum per partes propositionis, sequitur quod idem erit significatum illius: ‚Omnis homo est animal‘, et illius: ‚Animal est omnis

---

1   est *om.* E
1   et¹] est E; duorum contradictoriorum] duarum contradictoriarum B RBM, duo-
         rum contradictorum Vat
2   etiam *om.* C E P
2   colenda] colendum RBM, concedenda E
3   adoranda et *om.* B C E RBM Vat; diligenda] diligendum RBM; et³ *om.* C
4   facile] habet *add. et del.* E; quo] quod B RBM
5   illius] istius C P Vat; est²] sit C E
5   Si] sic E; vero dicatur] conceditur verum E; vero *om.* C; significatum] falsitas P
6   illius propositionis] huius P, istius propositionis C Vat
6   est²] sit C P
7   a deo *om.* C P; illud] istud Vat
8   isto] illo C P
8   quod *om.* B RBM; propositio *om.* P; est] erit C; est modo *om.* P, erit non Vat
9   modo] non E; mutata] immutata (?) RBM; in] modo RBM
9   significando] significatione P
         erit] est *corr.* C
9/10   vel quod erit falsa *om.* E
10   est] erit C P Vat; illius] istius C Vat
10   propositionis *om.* P
11   falsae *om.* Vat
12   est] erit E
13   Praeterea] item E; quid] quod E; est *om.* B; significatum] falsitas P; illius scilicet]
         huius propositionis P, istius C Vat
13   Si *om.* P; chimaera¹] non *add.* E; chimaera²] et *add.* P, *om.* Vat
14   et *om.* P; veritas] significatum C RBM; illius] istius C P Vat; est *om.* C
16   vel veritas *om.* P
17   erit] est C; significatum] significatio Vat
18   illius¹] huius propositionis P; illius²] istius C P Vat

homo', et illius: ,Omnis homo est animal' et illius: ,Nullus homo est animal'. Et universaliter omnes propositiones ordinatae in figura habebunt idem significatum, quia si propositiones res significant, sicut patet Secundo Perihermeneias, omnes significant quasi universaliter. Similiter de talibus: ,Nullus senex erit puer', et: ,Nulla corrupta erit 5 virgo', et istis: ,Nullus puer erit senex', et: ,Nulla virgo erit corrupta', et universaliter contradictoria habebunt idem significatum et veritas erit falsitas.

Praeterea si significatum propositionis sit scitum vel creditum et non propositio mentalis, sequitur quod idem erit scitum et dubitatum si- 10 mul et semel et ab eodem, immo quod omne scitum ab isto est nescitum ab eo.

Primum patet sic: Sit Tullius binonymus et credas tu eum tantum vocari ,Tullium' et videas eum currere, tunc proponatur tibi: ,Tullius currit'. Haec est concedenda a te. Deinde proponatur haec: ,Marcus cur- 15 rit'. Haec est dubitanda. Cum igitur idem sit significatum utriusque, idem simul scitur et dubitatur. Secundum patet, quia si significatum dicitur scitum, quando propositio scitur, igitur significatum dicitur nescitum, quando propositio nescitur. Tunc demonstro omnes propositio-

1   illius¹] istius C; illius² *om.* C
1/2   illius² . . . animal] istarum: Omnis homo est. Nullus homo est. P, *om.* Vat
1/2   illius² . . . propositiones] omnis homo est et similiter nullus homo est et omnes simul E
2   animal *om.* C; universaliter] quia RBM, *om.* C E Vat
2   propositiones] propositione B
3/4   si . . . universaliter] signa talia easdem res significant, sicut patet ex Secundo Perihermeneias P, signa nulla res significant, sicut patet Secundo Perihermeneias: Omnis significat quoniam universaliter B C E RBM
5   de talibus *om.* E; erit²] est RBM
6   istis] istius P, ista B E RBM; nullus *om.* E; puer *perd.* RBM
6   et² *om.* B C RBM Vat
7   erit] est B
9   non] est *add.* B RBM, ipsa *add.* E
10   sequitur] sequeretur C; dubitatum] dubium P
11/12 semel] immo *add.* B; et² *om.* C; nescitum ab eo ~ C P Vat; immo . . . ab eo] et est ab eo dubitatum sive nescitum E
13   sic] quia P, si E; Tullius] Marcus Vat; credas] credes P RBM
13   eum *add. sup. lin.* RBM; tantum vocari ~ P; tu *om.* Vat; eum *om.* P
14/15 et videas . . currit *dupl.* B
14   proponatur] proponimus RBM, illa E
15   concedenda] concordia C; proponatur haec *om.* P, ista C Vat, illa E
16   sit significatum ~ B; cum igitur ~ C E P; dubitanda] et *add.* Vat
17   simul *om.* E; scitur et dubitatur ~ Vat, scitur et dubium est E; si *om.* P Vat
19   nescitur] est nescita P Vat, non est scita C E

3/4   Aristoteles, Perihermeneias c.2 (16 a 22–26), c.4 (16 b 33–17 a 2).

nes scitas a te in latino et aequivalentes eis in graeco et sit a nomen
commune cuilibet latino et b nomen commune cuilibet graeco et sit c
nomen commune cuilibet significato duarum aequivalentium, quarum
una est graeca et altera latina. Tunc arguo sic: Quodlibet a est scitum
5 a te; igitur quodlibet c est scitum a te. Et ex alia parte sic: Quodlibet b
est nescitum a te; igitur quodlibet c est nescitum a te. Igitur quodlibet
scitum a te est nescitum a te et econtra.
   Ideo dico, sicut alias dixi, quod cuiuscumque notitiae assertivae obiectum est complexum mentale, quia non accipitur hic obiectum sicut in
10 sensatione, ubi requiritur communiter quod obiectum sit causativum
sensationis, sed capitur obiectum pro eo, de quo verificatur esse scitum vel esse creditum, vel pro eo, per quod convenienter respondetur
ad tales quaestiones: ,Quid scis?‘ ,Quid credis?‘ ,Quid dubitas?‘ ,Quid
opinaris?‘ Et quia numquam ad tales respondetur nisi per complexa sic
15 dicendo: ,Scio deum esse‘, vel: ,Scio quod deus est‘, vel: ,Scio hanc:
Deus est‘, ideo obiectum scientiae dicitur esse complexum. Secus autem est, si quaeratur: ,Quid vides?‘ Potest convenienter responderi:
,Domum‘ vel ,lapidem‘. Et ideo obiectum visionis dicitur res visa.
   Ad primum argumentum dicendum quod tota illa ratio fundatur super
20 imaginationem falsam, quae ponit quod non est aliqua propositio men-

---

1   a te om. E; aequivalentes] aequivalente P
2   latino] latine C
2   graeco] graece C RBM; et] b add. et del. Vat; sit c ~ Vat; sit om. C E P
3   nomen om. B RBM
4   graeca . . . latina ~ E; et om. B C RBM Vat; altera] alia P Vat
5   est add. in marg. RBM; ex alia parte sic] parte (sive per te) P, expositione Vat,
         alia om. C
6   Igitur] ideo Vat scitum] nescitum P
7   nescitum] scitum P; et econtra om. C E RBM Vat
8   dico om. Vat; cuiuscumque] cuiuslibet C E P Vat
9   quia] quod C
9   accipitur] accipimus RBM; hic] ibi B
10   sit add. in marg. RBM, om. B, et add. P Vat; communiter om. E
11   sensationis om. Vat; capitur] accipitur E, capimus RBM; verificatur] praedicatur
         C E P Vat
12   vel[1]] non add. et del. P; per quod] quo P, pro quo E
13   quaestiones] conclusiones B
14   complexa] complexum P
15   est] homo add. P
16   ideo] igitur Vat; esse om. B RBM
16/17   autem om. B C E RBM Vat
17   Potest] enim add. C E; convenienter om. P
18   Domum] Sortem C P Vat; lapidem] Platonem P; visionis] visum P; obiectum
         visionis ~ C Vat; dicitur] dicetur B; hic add. et del. unam lineam C
19   argumentum] igitur P; dicendum] dico E
20   imaginationem falsam] imaginatione falsa P; falsam] falsissimam C

talis nisi illa, quae est naturalis similitudo propositionis vocalis vel
scriptae. Unde ponit unam positionem falsam et super ipsam sibi ipsi
concludit et nulli alteri. Unde negata hac propositione: Omnis propositio mentalis est naturalis similitudo vocalis vel scriptae, quae nihil valet, destruitur totum fundamentum dictorum suorum. Quod autem il- 5
lud sit omnino contra rationem, patet per auctoritatem ARISTOTELIS
Primo Perihermeneias, quae ponit propositionem componi ex concep-
tibus naturaliter significantibus.
Item hoc patet auctoritate AUGUSTINI 15. De Trinitate cap. 32 de visione scientiae: Visio cogitationis exoritur, quod est verbum linguae 10
nullius, verbum verum de re vera, et cap. 63: Gignitur verbum inter-
num, quod nullius linguae sit tanquam scientia de scientia, et cap. 28:
Perveniendum est igitur ad illud verbum hominis, ad verbum rationalis
animantis, ad verbum non de deo natae sed a deo factae imaginis dei,
quod neque est prolatum in sono neque cogitatum in similitudine soni, 15
quod alicuius linguae esse necesse sit, sed quod omnia quibus significatur signa praecedit et gignitur de scientia, quae manet in animo,

---

1   naturalis *tantum in* E
2   positionem] propositionem P; falsam *om.* E; ipsam] eam P, illam C E Vat
4   naturalis similitudo ∼ B RBM; naturalis *corr.* P
4/5   valet] quia *add.* E; destruitur] destruit E
5   fundamentum] suum et *add.* P; illud] istud P; illud sit ∼ Vat
6   per *om.* E; auctoritatem *om.* B C E RBM; Aristotelis] Aristotelem B C E RBM;
       per auctoritatem] auctoritate Vat
7   quae] qui RBM; componi] componitur C
8   significantibus] significabilibus RBM
9   Item] istud B; hoc patet *om.* P Vat, ex *add.* C; patet] potest esse ex E; Augustini
       om. C; cap.32] 13 E, *om.* C
10   cogitationis] cognitionis P; exoritur] oritur B RBM
11   c.63] verbum *add.* C; gignitur] arguitur Vat, si in re tamquam E; internum]
       intimum C; verbum internum ∼ P; internum *om.* Vat
12   linguae *om.* Vat; sit] scit B; cap.28] de parvis *add.* B C E RBM, 66 capitulo de
       parvis Vat
13   hominis ad verbum] mentis vel B RBM; verbum[2]] hominis *add.* P
13/14 rationalis animantis] animalis rationantis E
14   natae] nato E Vat; factae] facto E Vat; imaginis] ad imaginem E
15   quod] quia Vat; prolatum] prolativum RBM; est prolatum ∼ P; neque[1+2]] nec E
15   cogitatum] cogitativum RBM; similitudine] soli *add. et del.* RBM; soni *om.* C E
16   quod] cum Vat; necesse *om.* C; significatur] significantur RBM Vat
17   signa] si sua E
17   animo] anima E

6–8   Vgl. Aristoteles, Perihermeneias, c.1 (16 a 1–10).
9 – pag. 82,1   Cf. Augustinus, De Trin. XV, c.17–21 (PL 42,1070–73; CCL 50 A,
       483–490).

quando eadem scientia intellectus dicitur, sicuti est. Et idem habetur
cap. 24 et consequenter per totum librum et per ANSELMUM Monolo-
gio 31 et consequenter in multis locis.

Ad secundum de puero dicendum est quod format complexum per
5 fantasiam sicut bruta, licet non perfecte, sicut patet: Per idem de ovibus, agnis et corvis dicendum quod huiusmodi faciunt, secundum
quod participant de prudentia secundum ARISTOTELEM Primo Metaphysicae. Ita concedendum est quod componunt et dividunt et for-
mant propositiones non mentales, sed imaginatas.
10 Ad quartum patet quod Judaei credunt Christum esse futurum, et hoc
est unum complexum, et nos credimus eum esse natum etc.

Secundus articulus

Secundus articulus, contra quem arguit socius reverendus, est iste: Liberum arbitrium non sufficit ad determinandum intellectum hominis

---

1   eadem] anima *add.* Vat; intellectus dicitur ∼ RBM; intellectus] intus C; sicuti]
         secuti C; Et *om.* C E P Vat
2   per Anselmum] Anselmus B C E RBM
3   locis] aliis P
4   dicendum] dico E; est *om.* C E P Vat; format] conformat B RBM; per] pro C
5   fantasiam] fantastica RBM, fantasia C; bruta] brutum B RBM; non] aeque *add.*
         B RBM
5   patet] post RBM, post et P, prius E; per idem] ad illud P; ovibus *om.* C E P
         Vat
6   agnis et corvis ∼ P Vat, corvo et agno E
6/7   dicendum . . . secundum quod] sicut B C E RBM Vat
7/8   Metaphysicae] et Secundo Physicorum. Et *add.* RBM
8   concedendum . . . quod *om.* P
9   sed imaginatas *add.* in marg. RBM, secundum imaginationes E
10   credunt] crediderunt B RBM; esse] fore B RBM
10/11   Ad . . . etc.] sic est finis huis primi articuli E, *om.* C
10   et *om.* B RBM
11   esse *om.* RBM; etc. *om.* P Vat
13   contra . . . reverendus *om.* P
13   Secundus . . . iste] contra secundum arguit idem socius, qui articulus talis est
         Vat, qui quidem articulus est quod E; circa secundum articulum . . . est talis C
13   iste] quod P

---

2   Anselmus Cant., Monologium c.31, ed. Schmitt I (1946) 48 s.
6-7   Aristoteles, Met. I c.1 (980 a 27 – b 27); Thomas Aq. i.h.l. lect. I, 10–13.
13 – pag. 84,5 Cf. Walter Chatton, Prol., q.1, a.6; ed. Wey 75 (92–100):
         „Ad secundum Argumentum principale, concedo quod potest esse aliqua propo-
         sitio ita certa, quae ex se sufficeret ad causandum assensum aliquem in quo-

ad actum credendi ita quod praecise ideo credat aliquis aliquam propositionem esse veram, quia ipse vult credere eam esse veram. Et ad
istum intellectum dixi quod non est in libera potestate hominis credere
articulos fidei sic quod solum imperium voluntatis sufficit ad causandum asssensum fidei. Sed actus fidei, qui est credere, causatur ab ali- 5
quo alio quam a voluntate sicut actus opinandi vel sciendi. Unde sicut
nullus opinatur aliquid esse verum, praecise quia vult sic opinari, ita
nullus credit aliquid esse verum, praecise quia vult credere illud esse
verum. Et ideo dixi quod non est in libera potestate hominis credere
articulum fidei esse verum, quando placet sibi, et credere eum esse 10
falsum, quando sibi placet. Unde consequenter ad ista dixi quod potest
probabiliter dici quod homo non libere credit articulos fidei, sed necessitatur ad credendum, quando credit, licet in bono fideli concurrat
gaudium vel delectatio seu applausus mentalis de eo, quod credit. Et
ideo loquendo universaliter sicut conceditur quod homo necessitetur 15

1	actum] intellectum E
1	praecise ideo ~ B RBM; credat aliquis ~ RBM; ideo] non E; credat *add. sup. lin.* RBM; aliquam] aliam P
2	ipse *om.* B C RBM Vat; credere eam ~ B RBM
4	articulos] articulum Vat
4	sufficit] sufficiat C P
5	qui] quae C
6	vel] et E P
7	nullus *om.* E; verum *om.* C P RBM
8	nullus] nec P, *om.* E
7/8	sic . . . vult *om.* E
9	Et . . . dixi] unde dicitur Vat; libera] legitima *et corr.* RBM
10	articulum] articulos E Vat; verum] veros E Vat, *et add.:* et credere eos esse falsos Vat; sibi *om.* E P RBM; eum *om.* P
10/11	eum . . . falsum] eos . . . falsos E; et . . . placet *om.* Vat
12	probabiliter] principaliter E
11/12	potest . . . homo *om.* B RBM
12	fidei] homo necessitatur ad credendum *add. in marg.* P
13	licet] tamen homo *add.* Vat
14	seu] vel P
15	sicut conceditur] concedo E

---

cumque viro disposito, ut si dicatur: ‚illud quod concorditer asseritur Deum re-
velasse etiam a diversis, qui non poterant condicere de falso concorditer asserendo, si miracula hoc idem concorditer ostendant, ei credendum est', videtur
mihi quod ista propositio nata esset causare assensum in viro disposito, saltem
aliquem assensum opinativum, circumscripto imperio voluntatis. Imperium autem voluntatis potest sic concurrere quod causabitur assensus sine formidine
seu actus credendi.“

ad sciendum quod triangulus habet tres angulos per demonstrationem, eodem genere loquendi, concedo quod homo fidelis necessitatur
ad credendum quod deus est trinus et unus; et ad testimonium multo-
rum hominum, quos reputat fide dignos, necessitatur homo ad creden-
5 dum, quod ipsi testificantur esse verum.
  Sed contra ista arguit idem socius sic: Eva libere credidit diabolo di-
centi: ‚Eritis sicut dii scientes bonum et malum', Gen. 3°. Igitur in potestate sua fuit non credidisse. Sed qua ratione libere creditit dictum
diaboli, potest quilibet homo libere credere dictum dei. Igitur in pote-
10 state cuiuscumque hominis est quod libere credat articulos fidei. Primum antecedens probatur, quia si Eva non libere credidit sed necessitata, igitur necessitata peccavit. Consequens falsum, sicut patet. Confirmatur haec ratio, quia ipsa bene scivit quod deus dixerat oppositum,
et scivit quod deus fuit maioris auctoritatis quam diabolus; igitur etc.
15 Secundo sic: Secundum Apostolum Ad Romanos 4 Abraham meruit
solo actu credendi. Unde Apostolus allegat scripturam Genesis 15 dicens: ‚Credidit Abraham deo et reputatum est illi ad iustitiam.' Et infra: ‚Dicimus enim quod reputata est Abrahae fides ad iustitiam.'

1	ad] credendum et *add.* P
1/2	angulos per demonstrationem *om.* B RBM, angulos *om.* C E
2/3	homo . . . quod *om.* E
4	hominum *om.* E
4	homo *om.* E; credendum] dictum *add.* C E P
5	ipsi] ibi RBM
6	ista] illud B E RBM; arguit] quidam *add.* RBM, quidem *add.* B; socius] qui et supra et primo *add.* P; Arg. (?) socii *in marg. add.* RBM; libere] legitime RBM
6/7	dicenti] sibi *add.* E; Eritis . . . dii ~ E
8	sua *om.* E; qua] quia Vat; libere credidit ~ P
9	potest . . . dei *om.* Vat; quilibet] quaelibet C, *om.* P; libere] legitime RBM; dictum *om.* C; dei] est verum *add.* E
10	cuiuscumque] cuiuslibet P Vat; libere] legitime RBM, *om.* Vat
11	probatur] patet P
11	libere] legitime RBM; necessitata] fuit *add.* P, *corr.* E
12	peccavit] fuit ad peccandum P; Consequens] est *add.* E
13	haec *om.* E P; ratio *om.* E
13	dixerat] dixit P
14	igitur etc. *om.* C E
15	Secundum . . . 4 ~ B RBM
15	Ad *om.* P
16	allegat] legat Vat; Gen 15] Gen 17 B P RBM Vat
17	illi] ei C E RBM
18	Dicimus enim *om.* P; quod] que C
17/18	Et infra . . . iustitiam *om.* Vat
18	Abrahae fides ~ B E RBM

15-17	Rom 4,3-9.
16	Gen 15,6.

Unde vult quod ante circumcisionem fuit iustus per solam fidem et
accepit circumcisionem sicut signaculum praecedentis non sicut causam iustitiae, sicut etiam dicit MAGISTER SENTENTIARUM libro 4. Tunc
potest argui sic: Omnis actus, quo homo meretur, est liber; per actum
credendi homo meretur; igitur actus ille est liber, id est libere 5
elicitus.
Tertio arguitur sic: Si aliquid compelleret ad credendum, hoc maxime
esset dicendum de miraculis; sed multi videntes miracula non crediderunt. Igitur miracula non necessitant ad credendum.
Quarto quia aliqui apostatant a fide, vel igitur hoc faciunt voluntarie, 10
et tunc credunt oppositum veri libere, quod est propositum, quia saltem credunt libere falsum. Vel faciunt hoc non libere sed necessitate,
et tunc non peccant et sic haeretici et apostatae a fide non peccarent.
Quinto sic: Tu qui opinaris quod homo non libere credit sed necessitatus, aut credis hoc propter rationem aut propter auctoritatem. Neu- 15
trum poteris invenire; igitur non credis hoc.
Propter istas rationes tenet iste socius reverendus quod mere libere
homo credit et actus credendi est simpliciter in libera potestate homi-

---

1   Unde *dupl.* B
2   sicut] ad B RBM; praecedentis] praecepti E
3   Magister] in quarto Sententiarum E
5   ille] recte (*l.* credendi?) C; id est] igitur B P Vat
6   elicitus] illicitus C
7   Tertio arguitur] item Vat; compelleret] compellit P
8   esset] est E, videtur P, *om.* C; videntes] credentes RBM
9   Igitur] ista *add.* B RBM
10   a fide *om.* P
10   hoc faciunt ~ C Vat
11   tunc] non *add.* P; credunt] crediderunt P; veri] fidei Vat
11   libere] legitime *et corr. in marg.* RBM; quia] vel B P RBM Vat; saltem *om.* E
12   libere[1]] legitime *et corr. in marg.* RBM
12   vel] hoc *add.* P; faciunt . . . non ~ Vat; necessitate] necessitati C Vat
13   et tunc] igitur P
14   sic] sicut E, *om.* P; Tu qui] si tu P; Tu qui opinaris] qui opinatur *corr.* E; libere]
         legitime RBM
14/15   sed necessitatus] qui necessitatur B RBM
15   hoc *om.* RBM
15/16   neutrum] non *add. et del.* Vat
16   hoc] etc. *add.* P
17/18   libere] legitime RBM; homo] hoc B RBM; mere . . . homo ~ Vat
18   potestate hominis ~ P Vat

3–6   Cf. Petrus Lombardus, Sent. IV, d.22, cap.2.
17 – pag. 87,2   Cf. Walter Chatton, Reportatio et Lectura super Sententias Prologus q.1,
         art. 1; ed. Wey 68 ss (96–103):
         „Potest igitur dici quod primus assensus fidei non innititur totaliter imperio vo-
         luntatis, sed quod articulus fidei et veritas theologica sic est evidens et sic per-

nis. Unde dicit quod non ideo dicitur aliquid in potestate mea, quia
possum illud sine quocumque alio; dicimus enim quod in potestate
mea est videre lumen solis, et tamen hoc non possum nisi sole exsistente in hemisphaerio nostro. Sed ideo hoc dicitur, quia sole exsi-
5 stente in hemisphaerio nostro et oculo bene disposito et positis quibuscumque requisitis ad videndum est adhuc in potestate mea videre lumen solis vel non videre. Sic in proposito positis quibuscumque requi-

---

1   Unde dicit *om.* E; quia] non B, *add.* RBM
2   quod] quia RBM
2/3   in . . . est ∼ E
3   nisi] sine B RBM
4   in *om.* C
4/5   Sed . . . nostro *om.* E
4   hoc dicitur ∼ B RBM
5   nostro *om.* C RBM; positis *om.* E; quibuscumque] bene *add.* Vat
6   videndum] visionem P
7   solis *om.* B C RBM; videre] lumen *add.* C Vat

---

suasibilis per propositiones sumptas ex sensibus diversorum hominum, et vere
est natus per eas persuaderi viro indifferenti qui non est inaffectus, et causare
assensum probabilem, circumscripto imperio voluntatis, et tamen cum formidine propter apparentiam alterius partis provenientem ex propositionibus appa-
rentibus ad oppositum et concurrente imperio voluntatis, assentit sine formidini
per actum voluntatis."
Ibid. [Obiectio] (105–111): Contra istud obicio. Primo, quia adhuc non vitas
difficultatem, quia aliquod unum principium est assignandum, virtute cuius contingit inferre certitudinem omnium articulorum, quia credibilia sunt essentiali-
ter ordinata; igitur standum est ad aliquod primum.
Secundo, quia facta illa persuasione, aut assertiret intellectus necessario, aut
contingenter. Si necessario, igitur similiter infidelis necessario assentiret. Si contingenter, igitur non nisi mediante imperio voluntatis."
Ibid. [Solutio] (120–160): „Ad primum istorum forte posset dici quod credibilia
possent reduci ad istud principium vel aliquod aequivalens: ‚Omne illud de quo
viri multi boni exempli invicem ita ignoti quod non poterant condicere de eodem falso concorditer asserendo, concorditer asserunt quod eis Deus revelavit
illud esse credendum et quod ad invocationem et martyrium talium credentium
illud fierent miracula, si postea ad invocationem et martyrium talium credentium miracula acciderint, sicut erat praenuntiatum, illud est verum.'"…
„Patet secundum hoc ad argumentum quod credibilia possunt reduci ad unum,
et sic intelligendo . . . concederetur quod omne sic revelatum a Deo est
verum . . .
Ad secundum istorum concedo quod vir indifferens non indispositus per inaffec-
tionem nec per errorem, talis vir, facta huiusmodi persuasione, necessario assentit assensu probabili, maxime si conetur efficaciter deliberare de eo quod est
rationabile. Multum tamen contingit eum impediri per apparentiam quae est ad
oppositum per argumenta apparentia, et ideo ad excludendum formidinem requiritur imperium voluntatis ad causandum assensum sine formidine."

sitis ad actum credendi adhuc in potestate mea est credere vel non credere.

Sed pro opinione opposita, quam ego gratia disputationis sine assertione adhuc teneo et defendo, feci argumenta novem, de quibus non recitantur nisi tria, ad quae sicut recitabo respondet socius. Arguebam 5 enim primo sic: Non est in potestate hominis causare in se actum opinionis respectu propositionis dubiae; igitur non est in potestate hominis causare in se actum fidei respectu eiusdem. Consequentia patet, quia potentia, quae non potest in id, quod facilius est, non potest in illud, quod difficilius est. Sed difficilius est deducere dubium ad certam 10 adhaesionem, sicut est in adhaesione fidei de actu dubitandi, quam deducere eundem de actu dubitandi ad actum opinandi, qui secum permittit formidinem. Et sicut experientia satis docet, homo dubius de

---

1   adhuc] sic E

1   potestate mea ~ Vat

3   pro . . . opposita] opinio opposita E

3/4   ego . . . defendo] adhuc gratia disputationis sine assertione defendo Vat, ~ C, teneo gratia disputationis P, gratia exercitii et disputationis sine assertione adhuc teneo et defendo B RBM, adhuc gratia disputationis sine assertione defferendo E

3/4   Nota quod gratia exercitii tenet *add. in marg.* RBM

4   novem *om.* E; quibus] ego *add.* E

5   recitantur] recitavi E, recitant P; sicut] ego *add.* E; respondet] respondit P Vat; socius *om.* C E P Vat; Arguebam *om.* E

6   enim *om.* C E P Vat; actum] actu P, *et. add.* fidei vel; opinionis] vel *add. et del.* RBM

7   respectu *om.* RBM, gratia Vat, vel B; dubiae *om.* C

6/8   opinionis . . . actum *om.* Vat

8   Consequentia patet ~ B

9   id] illud C RBM

10   dubium] bubium B; certam *om.* E

12   deducere] dubitare C; eundem . . . dubitandi] id dubium E

13   .   Et *om.* E

---

6 – pag. 88,5   Cf. Holcot, Sent. I q.1 a.1 (ℨ fol. a II rb 35–50; P fol. 2 a 48 – b 3. Correxi ℨ secundum P):

„Non est in potestate hominis opinari libere unam propositionem sibi dubiam; ergo non est in potestate hominis credere articulo fidei vel concedere propositionem sibi dubiam. Vel sic: Non est in hominis potestate causare in se assensum fidei respectu eiusdem propositionis, respectu cuius non potest causare actum opinionis; igitur etc. Consquentiam probo sic, quia potentia, quae non potest, quod minus et facilius est, non potest, quod maius et difficilius est. Sed maius et difficilius est homini causare in se assensum firmum sine formidine, cuiusmodi est assensus fidei, quam assensum cum formidine, cuiusmodi est assensus in opinione. Et ideo si in hunc assensum non potest libere, nec in assensum fidei. Antecedens patet per experimentum."

aliqua propositione non potest libere se determinare ad opinandum
alteram partem per solum imperium voluntatis, igitur a multo fortiori
non potest homo determinare se ad assensum fidei respectu alicuius
propositionis sibi dubiae. Igitur quicumque credit, assentit propter ali-
5 quam evidentiam et non solum per imperium voluntatis.
   Secundo sic: Non est in potestate hominis assentire propositionibus
magis inevidentibus et dubitare minus inevidentes de necessitate velit
– nolit. Sed articuli fidei sunt propositiones maxime inevidentes inter
omnes propositiones, quibus intellectus humanus assentit. Igitur si po-
10 test libere per solum imperium voluntatis assentire illis, posset a multo
fortiori determinare se ad assentiendum isti vel consimili: ‚Astra sunt
paria.‘ ‚Antichristus erit‘ et huiusmodi.
   Et confirmatur ista per rationem ARISTOTELIS Secundo De anima commento 153, ubi arguit sic: Imaginari possumus, cum volumus de re,

---

1	propositione] dubitatione C; libere] legitime RBM
2	alteram] aliam B RBM; partem *om.* Vat
1–3	se . . . homo *om.* E
2–5	a multo . . . voluntatis] etc. P *(et om. reliqua)*
3	assensum] assentiendum B Vat; alicuius *om.* E
4	dubiae] dubitabilis E; quicumque] quandocumque RBM
4	propter] per Vat
5	per] propter E RBM, praeterea C
6	est *om.* P; potestate] voluntatis (?) *add.* E
8	fidei *om.* E; propositiones *om.* P
9	humanus *om.* E
9	Igitur *om.* B RBM
10	posset] potest C E
11	fortiori . . . se ∼ Vat
12	erit] est P
13	Et *om.* C E RBM Vat; ista] maior illa E; rationem Aristotelis ∼ Vat
14	153] 53 P; arguit] arguitur P

6–12   Cf. ibid. (ℑ fol. a II va 19–35; P fol. 2 rb 23–35; laudatur opinio secundum P):
„Secundo sic: Non est in hominis potestate propositionibus magis inevidentibus
naturaliter consentire et dubitare velit nolit propositionem minus inevidentem.
Sed articuli <fidei add. ℑ> sunt maxime inevidentes, quia sunt contra omnem
rationem naturalem, sicut quod una res sit tres res vel quod virgo pariat et
huiusmodi. Igitur non est in hominis potestate assentire talibus articulis et velit
nolit dubitare de talibus: Rex sedit, nullus rex sedit. Confirmatur quia si libere
potest homo assentire propositionibus, quae minime apparent <verae add. ℑ>
in lumine rationis naturalis et quibus est diffinitum assentire, igitur potest assentire quibuscumque aliis, in quibus est minor difficultas et inevidentia.“
13 – pag. 89,4   Aristoteles, De anima III c.3 (427 b 14–22); Averroes i.h.l. com. 153;
Thomas i.h.l. lect. 4, n.633 Cf. Holcot, Sent. I q.1 a.1 (ℑ fol. a II va 7–19. P fol. 2
rb 14–23. – Laudatur sententia magistri secundum P):

cuius habemus speciem; sed opinari non possumus, cum volumus, quia
opinio non est nisi istius, quod apparet nobis verum. Igitur opinio non
est imaginatio. Etiam multa alia argumenta feci, de quibus omnibus
ista sunt minoris difficultatis.

Ad primum argumentum respondet, quando arguitur: Non est in po- 5
testate hominis dubitantis de alica propositione causare in se opinionem illius libere: Dicit quod sic, quia libere potest inquirere medium et
causam illius, de quo dubitat, et habito medio assentit. Et negat istam
consequentiam: Non est in potestate hominis credere sine medio; igitur non est in potestate hominis libere credere. 10

---

1 habemus speciem ~ E P
1 quia] quod C
2 non est *om.* E; istius] illius C P RBM; Igitur *add. in marg.* P
2/3 opinio . . . imaginatio ~ E
3 Etiam *om.* B C E RBM; Etiam multa ~ Vat; alia *om.* C E Vat
3 omnibus *om.* RBM
4 minoris] maioris ℑ
5 respondet] respondetur E; arguitur] accipitur C ℑ P RBM; quando arguitur *om.*
   E; arguitur] quod *add.* Vat
6 dubitantis] dubitare Vat; de . . . propositione] alicam propositionem B RBM;
   propositione] et *add.* Vat
7 quia quilibet *add.* RBM; medium et causam ~ RBM
8 illius] huius E; et¹ hoc *add.* E; et habito medio] quo habito melius Vat; assentit]
   assentet C, assentiret RBM; Et] vel B RBM
9 consequentiam] conclusionem C
9 credere sine medio ~ B RBM
9 – pag. 90,1 Non . . . valet *om.* E
10 libere] legitime RBM

„Item patet per auctoritatem Commentatoris Secundo De anima commento
113, ubi intendit probare quod imaginatio non est opinio per hoc quod imaginatio non est intellectus, primo sic: Imaginari possumus, cum volumus, quando
habemus speciem rei sensibilis in memoria. Sed opinari non possumus, cum
volumus, quia opinio non est illius nisi quod apparet nobis verum. Patet igitur
plane quod apud Aristotelem non est in hominis potestate libere opinari, quod
voluerit."
Sed differenter docet WALTER CHATTON, *qui dicit quod in homine potest esse actus ima-*
ginandi mediante compositione intellectiva. Cf. Prologus, q.2, a.4, ed. Wey 116
(317–327): „Praeter autem istum modum imaginandi communem nobis et bru-
tis est alius modus causandi imaginationes, qui solum convenit hominibus. Nam
intellectus potest intelligere diversa, et tunc componere conceptus simul, et sic
per compositionem explicitam causare conceptus et illorum, quae non cadunt
sub sensu et etiam impossibilium.
Tunc dico quod conceptus ille intellectivus, cum est intensus, potest esse illud,
quo posito immutetur organum imaginativae, ad cuius immutationem causatur
quidam actus imaginandi illud idem quod prius; et per consequens ille actus
imaginandi, sive sit respectu spiritualium vel corporalium, sive sit respectu impossibilium vel possibilium, causari potest mediante compositione intellectiva."

Ad secundum dicit quod ista consequentia non valet: Non est in potestate hominis credere propositiones minus inevidentes; igitur non est
in potestate hominis credere propositiones magis inevidentes. Et causa
est, quia ad propositiones magis inevidentes habet medium, sed ad
5 propositiones minus inevidentes nullum habet medium. Et ad confir-
mationem de ARISTOTELE et COMMENTATORE respondet quod intelli-
gunt quod homo non potest opinare, cum vult, verum est, quando non
habet medium ad causandum opinionem.

Haec sunt dicta sua, quae dividuntur in duas partes, quia in prima
10 parte arguit contra me et in secunda respondet ad quaedam argumenta mea. Unde opponendo bene tangit contra me quaedam motiva, sed in respondendo declinat simpliciter ad viam, quam voluit expugnare. Dicit enim in respondendo, sicut superius recitatum est,
quod ideo est in libera potestate hominis causare in se opinionem, quia
15 potest libere inquirere media et rationes causantes istam opinionem.
Sed sine mediis et rationibus talibus per solum imperium voluntatis
hoc non potest facere. Et istud enim est omnino, quod ego in illa con-
clusione declaravi quod sic est in potestate nostra credere articulos
fidei sicut scire quod triangulus habet tres angulos vel aliquam aliam

---

1   dicit *om.* B
2   inevidentes] evidentes B
3   inevidentes] evidentes B; Et] quid C Vat
4   quia *om.* B P, quod Vat; magis inevidentes] maius evidentes B; inevidentes]
         invidentes C; sed] et B RBM
5   inevidentes] invidentes C; nullum] non B RBM
5   Et *om.* B RBM
6   de Aristotele] Aristotelis P; Commentatore] Commentatoris P
7   quando] quod C, quia Vat
9/10   Haec . . . et *om.* E
10   secunda] parte *add.* Vat
10/11   argumenta *add. in marg.* RBM, *om.* B; mea *dupl. in marg.* RBM; opponendo]
         opinando RBM
11   me *om.* Vat
12   declinat] declarat P; ad *om.* P; simpliciter . . . viam ∼ B RBM; voluit] vult E;
         expugnare] expugnasse C RBM Vat
13   in *om.* Vat; superius *om.* P; recitatum est ∼ B RBM
14   libera] legitima RBM, *om.* E; potestate hominis ∼ B RBM
15   istam] aliam E, illam C
16   Sed] set RBM; et] vel C RBM; talibus *om.* P; voluntatis *om.* E
17   hoc] homo RBM, *om.* P; facere] habere C; Et *om.* C E RBM Vat; istud] illud
         RBM; enim *om.* C E P Vat; omnino quod ego ∼ P; ego *om.* Vat; illa] prima RBM;
         conclusione] quaestione E
18   quod] quia RBM; est *add. in marg.* P; potestate nostra ∼ C P
18/19   credere . . . fidei ∼ Vat
19   sicut] est *add.* E
19   angulos *om.* B C E RBM; aliquam] aliam *(et sic passim)*

conclusionem, puta quare luna est eclipsabilis, quia videlicet est in potestate nostra addiscere causas et demonstrationes ad illas. Sed sicut proposita ista. ‚Triangulus habet tres angulos', haec est mihi neutra, si numquam didici geometriam et vellem illi assentire, quia vellem eam scire, et tamen manet neutra, sic gratia exempli proposita ista: ‚Chri- 5 stus natus est de virgine', alicui homini forte erit sibi neutra vel forte credet eam esse falsam. Et dico quod talis homo non potest per imperium voluntatis facere quod illa appareat sibi vera. Sed cum a multis fide dignis audierit quod homines, qui praecesserunt, sunt iam beatificati, quia crediderunt hoc esse verum, et multa mirabilia fecerunt vel 10 magis deus per eos, qui talia crediderunt, possibile est quod talia sibi sufficiant ad faciendum fidem de veritate istius: ‚Christus natus est de virgine'.

De isto articulo non plus dicam modo. Nam mihi apparet quod omnis homo, qui non vult pertinaciter negare sensum, experitur in seipso 15 quod non potest per imperium voluntatis determinare se ad assensum unius partis contradictionis, quando utraque est sibi dubia, sed exspectat novam notitiam, quae facit illud, quod fuit dubium, esse certum.

1/2	est² . . . nostra ∼ RBM
2	addiscere] addicere B, adicere P, adiscere RBM Vat; et *om.* P.; demonstrationes] demonstrationis P; illas] istas C P
3	proposita] propositio Vat, *om.* E; angulos *om.* B C E P RBM; haec *om.* Vat, quae E
4	vellem¹⁺²] velle C, volo P, velem Vat
5	et . . . neutra *dupl.* B.
5	neutra] necessaria P; sic] sit RBM, ita *add.* B P RBM, ista *add.* C Vat, *om.* E; exempli] ita *add.* P; proposita] propositio E, proponatur Vat; proposita ista ∼ C RBM; ista *om.* Vat
6	natus est ∼ Vat; sibi *om.* B RBM
6	neutra] necessaria P; vel *om.* C; forte] foret E
7	credet] crederet E; et] tunc *add.* E; homo *om.* E
8	illa] ista RBM
9	qui] iam *add.* E
9	iam *om.* E P; beatificati] beati E P
10	esse] est C
10/11	hoc . . . crediderunt *om.* Vat
10	mirabilia] miracula B C E P; fecerunt *om.* P; vel] et P
11	magis] magna P; eos] illos P; qui] quia C
11	crediderunt] facit *add.* P; sibi *om.* Vat
12	sufficiant ad faciendum] sufficienter faciant C E P, sufficienter faciant sibi Vat
12	istius] illius RBM
12/13	de virgine] etc. E
14	dicam modo ∼ P
15	homo *om.* E
15	in seipso] per se Vat
16	assensum] sensum B C RBM

Ad rationes suas, quae sunt bonae, respondeo. Ad primam, quando accipit quod Eva libere credidit diabolo, dico quod ideo dicitur quod Eva libere credidit, quia si fuisset usa scientia sibi a deo tunc data, non oportuisset quod fuisset decepta. Non tamen sic libere credidit quod
5 per solum imperium voluntatis elegit assentire dictis diaboli, sed excaecata per inconsiderationem et negligentiam assensit dictis suis, quae videbantur ideo sibi credibilia, quia neglexit ea discutere. Unde videtur mihi quod prima ratio peccandi fuit inconsideratio et negligentia bene utendi naturalibus suis, et stante ista negligentia credidit prop-
10 ter evidentiam, quae apparuit sibi. Nec tamen ideo excusatur a peccato, quia potuit istam negligentiam amovisse, qua amota non credidisset, quod quia non fecit, paccavit. Et ideo fides illa falsa non causabatur directe ex imperio voluntatis, sed indirecte et interpretative, quia si voluisset dicta temptatoris examinasse et ad divinum praecep-
15 tum contulisse, non fuisset decepta. Et ideo dicimus quod interpretative libere decepta fuit, non tamen ideo libere, quia per solum imperium voluntatis.
Unde dico ad formam, quando quaeritur, aut credidit libere aut necessitata ad credendum, dico quod credere libere est aequivocum ad cre-

---

1   respondeo *om.* B C E RBM Vat, et *add.* P
1   RBM *add. in marg.:* ad rationes socii.
2   accipit] arguit Vat; libere] legitime RBM
2   credidit] diabolo *add.* E P
3   sibi a deo ∼ B; tunc data] tradita B P RBM, ante data Vat
4   oportuisset] oportuit B RBM
4   tamen] dicitur quod *add.* E
5   per solum ∼ P; elegit] elegeret E Vat, eligerit C
6   excaecata] decepta Vat
7   ideo sibi ∼ P Vat; sibi *om.* C; credibilia] esse *add.* E; quia] quae C
7   ea] illa RBM
8   prima ratio] ipsa (?) B
8   et] vel C Vat
9   ista] illa E P Vat; negligentia] necligentia P RBM
8–11   negligentia . . . istam *om.* C.
10   sibi *om.* P
11   istam] illam E P Vat
11   amovisse] ammovisse P RBM; amota] ammota C P RBM
12   quod *om.* E; quod quia ∼ et *corr.* B; fecit] ideo *add.* P
14   temptatoris] temptare E
14   examinasse] examinasset E
16   libere¹] legitime RBM; decepta] non *add. et del.* Vat; decepta fuit ∼ P; fuit] *add.* E
18/19   necessitata] necessario E, fuit *add.* Vat; ad credendum *om.* E
18 – pag. 93,1   aut . . . libere *om.* C

---

19 – pag. 93,1   RBM *add. in marg.:* credere vere libere et interpretative.

dere vere libere et ad credere libere interpretative, et dico quod non credidit vere libere sed libere interpretative. Unde stante ista negligentia considerandi et discutiendi dicta temptatoris fuit necessitata ad credendum sicut credidit. Et exemplum posset poni: Ponatur quod deus praecipiat Sorti quod in videndo res utatur oculis suis secundum situm 5 eorum naturalem et quod omnino caveat ne credat unam rem esse duas. Et ponatur quod Sortes sciat sic ponere unum oculum extra situm suum naturalem ita quod res una apparebit sibi duae. Habito tunc praecepto de hoc cavendo volo quod tunc faciat contra praeceptum sic quod decipiatur; iste credit esse duo, ubi non est nisi unum. Et quaero 10 aut libere aut necessitatus. Dico quod interpretative libere et non vere libere nec per directum imperium voluntatis. Et sic dico in proposito quod mulier habuit praeceptum de bene utendo in factis et cogitationibus naturalibus suis et scientia sibi infusa, quod si fecisset, numquam fuisset decepta; et quia hoc non fecit, ideo secundum quid necessitata 15 fuit ad credendum falsum.

Ad secundum quando arguitur quod Abraham meruit per solum actum credendi, quia ,credidit Abraham deo et reputatum est ei ad iustitiam', dico quod credere accipitur dupliciter in Scriptura: Uno modo praecise pro notitia assertiva et praecise significat cognitionem. Alio 20

1	vere] mere C E
1	libere² *om.* E
2	vere] mere C E; interpretative] interpretatione RBM; ista] illa C P
3	discutiendi] discussiendi B
4	Et *om.* E RBM
4	posset] potest E; poni] ut *add.* P
5	praecipiat] praecipitat C; suis *om.* E
6	naturalem *om.* E; et *om.* E
7	ponatur] ponitur P, pono Vat; unum] suum *add.* E; sic . . . oculum ∼ B
7/8	situm suum ∼ C P; suum *om.* B; ita *om.* E P, et C; apparebit] apareret P
8	sibi *om.* E; tunc *om.* E
9	tunc *om.* C E P Vat; tunc faciat ∼ B
10	decipiatur] tunc *add.* P; credit] unum *add.* B RBM Vat; Et *om.* E P Vat
11	aut²] vel Vat; vere *om.* E
12	libere] legitime RBM; directum] distinctum P
12	Et *om.* C E RBM
13	quod *om.* P; in] et E
14	naturalibus suis ∼ C Vat; et *om.* E
15	ideo *om.* B RBM; quid] quantum C
16	fuit . . . falsum ∼ E
16	falsum *om.* P
17	arguitur] dicetur C; Abraham] credidit *add. et del.* Vat.
17	solum *om.* E
18	quia] quod C
18/19	iustitiam] etc. *add.* B RBM
19	dupliciter] multipliciter B C E RBM
20	praecise *om.* E

modo accipitur credere pro assensu cum amore, et sic credere significat tam affectionem quam cognitionem. Primo modo credere non est
meritorium, nisi imperetur a voluntate, sicut scire potest esse meritorium et omnis actus bene imperatus a voluntate. Immo sic credere est
5 in daemonibus. Unde Jacobus dicit: ‚Daemones credunt et contremis-
cunt‘. Constat quod ipsi non credunt voluntarie sed necessitati per mirabilia et rationes et non per notitiam intuitivam. Secundo modo credere est meritorium et sperare similiter; et sic est ‚credere‘ terminus
connotativus supponens pro assensu causato ex aliqua evidentia et
10 connotat actum voluntatis amantis deum et acceptantis assensum fidei, quem in se experitur. Et hanc distintionem innuit Glossa super
illud Ad Romanos 4: ‚Credenti autem in eum, qui iustificat impium,
reputabitur fides eius ad iustitiam‘, Glossa et est BEDAE: ‚Aliud est credere in eum et aliud credere ei et aliud credere illum. Nam etiam
15 daemones credebant ei, sed non credebant in eum.‘ Et infra: ‚Credere
illi est credere vera esse quae loquitur, quod mali faciunt. Credere illum est credere quod ipse sit deus, quod etiam mali faciunt. Quid vero

---

1	cum] in C
2	credere *om.* E
3	imperetur] imperatum E
5	Unde *om.* C RBM; Jacobus] 2 *add.* B RBM; dicit *om.* RBM; Unde . . . dicit] Jacobo C Vat
5–8	in . . . est¹ *om.* E
5/6	contremiscunt] contremescunt RBM, quia *add.* P; ipsi] illi E P
6	necessitati] necessitate B RBM; mirabilia] miracula P Vat
7	notitiam] intuitive *add. et del.* Vat; modo *om.* Vat
8	est credere ~ C E Vat
8/9	est . . . supponens] iste terminus credere convenientius supponit P
9	pro] per C
10/11	assensum] actum B RBM; quem] quam C RBM; assensum . . . Glossa *om.* E
11/12	super illud Ad *om.* P, Ad *om.* C
13	reputabitur . . . eius ~ Vat
13	Aliud] alius C
14	eum] deum E; aliud¹ *om.* P; ei] deo E; et¹⁺² *om.* C E; aliud² *om.* P
14	et¹ . . . illum] aliud credere ipsum Vat
14	Nam etiam *om.* B, *add. in marg.* RBM; etiam] et C Vat
15	ei *om.* E; sed] et B C E RBM; credere *dupl.* E
16	illi] ei B RBM; quod] quam C, et *add.* P
16/17	illum] eum B RBM; etiam mali ~ RBM
17	Quid vero] vere autem P

5s	Jac 2,19.
12s	Rom 4,5, Glossa in Rom 4,5 (ed. Venetiis 1782, fol. 27 a et b).
13ss	Cf. Augustinus, Serm. 144, c.2, n.2 (PL 38,788); Petrus Lombardus, Sent. III, dist. 23, c.4, ed. Romae 143. Beda Ven., In Princ. Gen. I (CChr 118 A, 195 s). Petrus Lombardus, In ep. Ad Rom. (PL 191,1367 s). Augustinus, Sermo in Symbolo c.1 (PL 40,1190 s).

est credere in eum nisi credendo amare, credendo diligere, credendo
in eum ire et ei incorporari? Et haec est fides, quam a nobis exigit
deus; et non invenit, quid exigat, nisi donaverit, quod inveniat.' Et isto
modo accipit AUGUSTINUS credere Super Johannem homilia 26: ‚In-
trare quispiam ecclesiam potest nolens, accedere ad altare potest no- 5
lens, accipere sacramentum potest nolens, sed credere non potest nisi
volens‘, quia si acciperet credere primo modo, non foret dictum suum
verum, cum homo posset per testimonium alienum necessitari ad credendum et daemones invite credunt se semper damnandos, quia si
libere hoc crederent, faciliter possent se liberare de magna parte 10
poene suae. Nam una falsa fides de fine poenae suae vel de liberatione
sua futura multum diminuerit de poena eorum.

Si dicatur quod daemones sunt obstinati et ideo non possunt libere
credere et discredere, saltem viator posset libere credere se futurum
episcopum in anno proximo et postea ita beatum, sicut est modo 15
beatus Paulus, et sic posset homo libere in se causare tales falsas
propositiones et credere et discredere et de nullo dubitare de toto
mundo, sicut sibi placeret, quod nemo experitur.

---

1   est *om.* P; nisi] est C P, *om.* E. Vat; amare] et *add.* E
2   incorporari] corporari P; Et *om.* C RBM Vat; a *om.* Vat; nobis exigit ∼ Vat
3   quid] qui E; donaverit] donavit E
3/4 isto modo] quomodo Vat; Augustinus *om.* E
5   quispiam ecclesiam ∼ P Vat, quisque P; quispiam *om.* E; ecclesiam potest ∼ B
6   sed *om.* Vat
7   quia] et P; si acciperet] accipiendo Vat, si accipet E; credere] crederet RBM
8   homo] non *add. et del.* RBM; posset] possit P
9   invite] multi (?) Vat
9   se *om.* E; semper] perpetuo Vat
10   hoc *om.* E; faciliter possent se ∼ C E P Vat, posset P; possent] libere *add.* E
10/11 liberare de magna parte poenae suae] de magna poena liberare B RBM, libe-
     rare de magna poena sua Vat
12   sua *om.* P Vat; diminueret] dimitteret B RBM, remitteret Vat, diminuerit E; de
     poena] penam C E
13   sunt *om.* Vat
14   posset libere ∼ P, potest C; libere] legitime RBM; in *om.* B C RBM
15   anno *om.* P; est modo *om.* RBM; modo] nunc Vat, *om.* C
16   beatus] sanctus C; posset] potest C E Vat; libere] legitime RBM; libere . . . cau-
     sare ∼ *et corr.* C; in se *om.* E
16/17 falsas propositiones ∼ P; propositiones] opiniones C E P; credere et discredere
     ∼ B
17   et[3] . . . dubitare *om.* B RBM; de[2]] ex Vat
18   sicut . . . placeret *om.* C E RBM Vat

4ss   Augustinus, In Joh. hom., tract. 26, n.2 (PL 35,1607; CCL 36,260).

Ad tertium argumentum, quando arguitur quod, si aliquid compelleret
ad credendum, hoc foret maxime verum de miraculis. Consequens falsum, quia non omnes videntes miracula Christi crediderunt. Dico ad
illud quod actus activorum sunt in patiente disposito; ideo causa effi-
5 ciens aliquid causat in una materia et non in alia, immo forte oppositum effectum causat in alia, sicut sol constringit lutum et dissolvit gla-
ciem. Unde dico quod multi videntes mirabilia non contulerunt nec
consideraverunt diligenter, quo modo fiebant, et ideo non credebant,
sicut si fiat duobus una demonstratio et unus confert maiorem et mi-
10 norem adinvicem et scit conclusionem, et alter non confert maiorem
et minorem adinvicem et ideo non intelligit demonstrationem, unde
nec addiscit. Unde non sequitur: Non omnes videntes miracula crediderunt; igitur miracula non necessitant ad credendum, sicut non sequitur: Non omnis, qui audit demonstrationem, fit sciens per eam; igitur
15 demnostratio non est syllogismus faciens scire.
Ad quartum argumentum de apostatis a fide et haereticis: Vel libere
credunt oppositum articuli vel necessitati. Si libere, habetur proposi-

---

1   tertium] secundum E; argumentum] arguitur C; si] esset *add.* Vat
1   aliquid] quod *add.* Vat
2   foret maxime ~ B E RBM; foret] videretur C B RBM, esse *add.* C Vat, videtur E
        Vat
2   Consequens] est *add.* E
3   videntes *om.* B RBM
4   illud] istud C Vat; ad illud *om.* E
4   patiente] et *add.* B C E RBM
5/6   forte *om.* Vat; oppositum effectum ~ P, effectivum RBM, compositum C
6   constringit] confirmat P
7   Unde] immo B
7   mirabilia] miracula B E P Vat
8   non *add. sup. lin.* RBM
8   credebant] crediderunt B RBM
9   sicut *dupl.* B; fiat] fiebat B RBM; duobus *om.* RBM; una *om.* P; unus] alter C E
        RBM, *om.* Vat
9/10   et unus . . . conclusionem *om.* B
10   adinvicem] sic *add.* Vat; et² *om.* P; et alter] alteram Vat; non *om.* B
10   confert] et *add.* C
11   et¹] nec E; adinvicem *om.* E; et² *om.* P; intelligit] intendit B RBM; unde] immo P,
        om. E
14   qui audit] audiens Vat
14   fit sciens ~ Vat
14   per eam *om.* E
16   apostatis] a peccatis C
17   credunt] crediderunt B; articuli] fidei *add.* Vat
17   necessitati] necessario P
17 – pag. 97,1   Si . . . peccant *om.* E

tum; si necessitati, igitur non peccant. Istud argumentum bene movet contra viam meam. Respondeo tamen sic quod illi, qui apostatant a fide, libere apostatant vel vere vel saltem libere interpretative. Sunt enim multi, qui non sunt solliciti de salute sua. Unde quando occurrunt illis quandoque difficultates contra fidem Christi, nolunt sollicitari 5 ad resistendum, et similiter non curant credere vel discredere ea, quae fides habet, et stante ista negligentia necessitantur ad discredendum per aliquas apparentias falsas contra veram fidem. Unde ista consequentia non valet: Necessitantur ad discredendum, igitur non peccant, quia ipsi per negligentiam vivendi sunt sibi causa istius necessitatis. 10 Similiter pono quod aliquis peccet ita graviter quod mereatur permitti a deo cadere a vera fide, quia unum peccatum est aliquando poena inflicta e deo pro peccato praecedente, sicut patet per MAGISTRUM libro 2 Sententiarum d.36 capitulo 8 (1.2!) et in multis aliis capitulis illius distinctionis. Tunc possibile est quod infidelitas sit poena inflicta 15 pro homicidio. Tunc posset dici quod ista consequentia non valet: Iste

---

1	necessitati] necessario P
1	peccant] peccavit C
2	meam *om.* E; respondeo] dico E; sic *om.* E; qui apostatant] apostatantes Vat
3	vel¹] libere *add.* E; libere¹ *om.* B C RBM Vat
4	solliciti] sollisiti RBM, sollicitati E
4	salute] fide P; quando *add. sup. lin.* RBM, *om.* BE, vel *add.* C; illis] quandoque *tantum in* E
5	Christi] et *add.* E; sollicitari] sollicitare C E
5	P *add. in marg.:* apostasis a fide . . .
7	ista] illa E P
7	necessitantur] necessitatur P
8	per] propter E; apparentias] opiniones E
8/9	per . . . peccant *om.* Vat
8	Unde] et B E RBM
9	Necessitantur] necessitatur P; discredendum] discurrendum E
9	peccant] peccat P
10	ipsi] talis P; negligentiam] negligligentiam RBM; sibi causa ∼ P
10	istius] ipsius B RBM
11	ita *om.* P; peccet . . . graviter ∼ P, et *add.* P
12	quia] quando C
12	est aliquando ∼ P
13	inflicta] afflictiva P; pro] alio *add.* E, alico *add.* C; peccato] alio P; peccato *om.* C E
13	per Magistrum *om.* B C E RBM Vat
14	libro *om.* E; Sententiarum *om.* P Vat
14	capitulo 8 *vacat in dist. 36;* in *om.* P
14/15	capitulis illius distinctionis *om.* P
16	homicidio] et *add.* E; posset] potest C

13ss Cf. Petrus Lombardus, Sententiae II, dist. 36 c.4 et per totam, ed. Romae 536–543.

necessitatur ad infidelitatem, igitur iste non peccat apostatando, quia
ipse fuit sibi causa illicitae illius necessitatis. Similiter ille, qui vellet
dicere quod omnia, quae eveniunt, ex necessitate eveniunt, non ideo
haberet necessario negare meritum et demeritum, vituperabile et
5 commensurabile in actibus humanis, quia si Sortes occidat hominem,
necesse fuit Sortem occidere hominem secundum hanc viam. Tamen
quia Sortes hanc necessitatem sibi imminere non novit, sed quantum
in ipso fuit reputans ad hoc se nullo modo necessitari, elegit iniuste
occidere, ideo vitiose et culpabiliter occidit, quamvis vitare occisionem
10 non potuit, sed de necessitate fuit hominem occisurus. Haec ideo dico
ut impediam istam consequentiam: Iste fuit necessitatus ad hoc, igitur
non peccavit faciendo hoc, quia ipse fuit sibi causa illicitae istius necessitatis, sicut multi dicunt quod daemones continue peccant et tamen
de necessitate peccant.
15 Et beatus AUGUSTINUS 8. Confessionum capitulo quinto dicit: ‚Velle
meum tenebat inimicus et inde mihi cathenam fecerat et constrinxe-
rat me, quippe ex voluntate perversa facta est libido, et dum servitur

---

1   iste *om.* E
2   fuit sibi ∼ RBM; sibi *dupl.* B; illicitae . . . necessitatis ∼ P; illius] istius P
3   quae eveniunt *om.* E; ex] de C E RBM
3   ex . . . eveniunt ∼ C P; ideo *om.* E
4   necessario negare ∼ RBM; negare *om.* B
4   et¹] vel B RBM
5   commensurabile] commendabile E; occidat] occidet Vat
6   fuit] fit Vat; Sortem] Sorti P; viam *om.* B
7   sibi *om.* Vat, ita E; imminere] minere B
8   ipso] eo E; se *om.* C
8   ad . . . modo ∼ C P Vat
8   modo] ad hoc *add.* E
9   culpabiliter] vituperabiliter P; occisionem] occasionem RBM
10   hominem occisurus ∼ P; dico] dixi B RBM
11   istam] hanc P; consequentiam *add. in marg.* RBM
12   sibi] ipsi *add.* P; istius] illius RBM
13   sicut] similiter P, sed RBM; dicunt quod *om.* B RBM; continue *om.* E
15   Et] similiter *add.* P; 8] 9 Vat; dicit] quod *add.* P
15   inimicus *om.* E
16/17   constrinxerat] consternerat E; me *om.* P

2-6   Cf. Holcot, Sent. III a.1 (ℨ fol. 1 III rb 40–46; RBM fol. 81 rb 37–43; P fol. 81 ra
         20–27. Correxi sec. RBM et P): „Ad secundum quando allegatur ab Augustino
         quod nulla natura potest vincere voluntatem, vult dicere quod secundum legem
         creaturarum nulla natura potest cogere voluntatem nec facere eam peccare,
         nisi velit vel nisi ante deordinate aliquid voluerit, propter quod mereretur tam-
         quam in poenam, ut necessitetur ad peccandum, sicut de diabolo patet et dam-
         natis.“
15 – pag. 99,2   Augustinus, Conf. VIII c. 5 (PL 32,753; CSEL 33, I, 178).

libidini, facta est consuetudo, et dum consuetudini non resistitur, facta
est necessitas.' Haec AUGUSTINUS. Sive autem dicatur quod AUGUSTI-
NUS loquitur large de necessitate vocando difficultatem necessitatem,
sive dicatur quod loquitur proprie et stricte de necessitate, certum est
quod talis necessitas non excusaret peccatum nec a tanto nec a toto, 5
ut videtur, quia aliter peccator reportaret commodum et meritum de
eo, quod peccavit. Sic igitur dico quod in cadendo a vera fide est talis
processus: Primo aliquis credens habet quamdam negligentiam de sua
salute nec curat credere vel discredere. Unde non habet velle credere
ea, quae pertinent ad salutem, sicut scolares discoli non habent velle 10
addiscere, et stante illa negligentia offeruntur menti tales rationes, quibus assentit propter aliquam apparentiam veri. Unde impossibile est
quod homo credat aliquid, nisi apparet sibi verum, et impossibile est
quod imperium voluntatis sit tota causa, quare aliquid apparet homini
verum, licet possit esse concausa, sicut aviditas voluntatis in scolari 15
facit eum bene addiscere et firmius assentire, quia facit eum magis
applicare ingenium suum ad medium et causam assensus. Et ideo dico
quod iste apostatando peccat, quia interpretative libere vult discredere; quia non vult credere nec circa hoc esse sollicitus, ideo peccat.

2	Augustinus] ille E; Sive autem] si vero E
3	loquitur] loqueretur Vat; vocando] ponendo E
4	sive] autem *add.* Vat; dicatur] diceretur E RBM
4	loquitur] loqueretur Vat; de necessitate *om.* E.
5	excusaret] excusat P
5	peccatum . . . nec.^{2} *om.* E; a^2 *om.* C
5	peccator] peccata B
6/7	de eo] deo E
8	Primo] quando Vat; quamdam *om.* B RBM
8/9	sua salute ∼ Vat
9	vel] et Vat, nec E
10	salutem] suam *add.* P
11	et *om.* C
11	illa] ista C; offeruntur] auferuntur P, mentalis *add.* Vat
12	assentit] asserit C; veri] veram B RBM; est *om.* C
13	homo] aliquis P, homo aliquis Vat; credat aliquid ∼ B C RBM; aliquid *om.* Vat; nisi] non C; apparet] appareat P
13	quod . . est *om.* E
13	est] *om.* C
14	tota] vera Vat; homini] sibi B RBM
15	voluntatis *om.* E P
16	bene . . . quia *om.* Vat
17	applicare] assentire *et corr.* E; medium] materiam E
17	causam] rationem E; ideo] sic E P Vat
18	apostatando] apostata E; libere *tantum in* B, *add. et del.* RBM; discredere] discernere Vat
19	nec] est *add.* B C E RBM; esse *om.* B C E RBM

Unde ANSELMUS De concordia capitulo 16: Velle credere quod credendum est, est recte velle.

Sed contra ista arguo sic: Datis istis videlicet quod omnis, qui assentit
alicui propositioni, assentit illi propter evidentiam vel aliquam appa-
5 rentiam et non mere per imperium voluntatis, sequeretur quod impossibile esset quod aliquis esset haereticus. Probo consequentiam, quia
24.q.3, Haeresis: ‚Haeresis graece ab electione dicitur quod scilicet sibi
eam unusquisque eligat disciplinam, quam putat esse meliorem.‘ Et est
dictum HIERONYMI in Epistola <ad Galatas>. Similiter 1. Ethicorum
10 haeresis idem est quod electio. Igitur si omnino est impossibile quod
homo libere et mere ex electione assentiat alicui errori contra fidem
catholicam, impossibile est quod aliquis sit haereticus. Sed per te nullus pure et mere ex electione voluntatis assentit alicui <propositioni>
mentaliter, sed tantum propter evidentiam rei. Igitur nullus potest
15 fieri haereticus.

1	Unde] ideo Vat
2	recte] ratione C; velle] credere RBM
3	Sed *om.* C RBM Vat; Datis istis] nam dato isto P; videlicet *om.* P
4	illi *om.* P; propter] per Vat, aliquam *add.* P
5	sequeretur] sequitur E P
6	esset¹] est P; esset²] sit P, est E
7	q.3] q.1 B RBM; Haeresis¹ *om.* P Vat; scilicet] si P
8	eam *om.* E; unusquique] sibi *add.* Vat
8	quam] quod C; esse meliorem ∼ Vat
9	Hieronymi in Epistola] Christi in Evangeliis E; <ad Galatos> *add.* ℨ, *lacuna* C
9	Ethicorum] pro *add.* P Vat, per *add.* C
10	idem . . . quod¹] id est B P RBM, quod *om.* C; omnino] non C E Vat
10	est² *om.* C; impossibile *corr.* RBM, possibile C E Vat
11	ex electione *om.* E; assentiat] assentit E; errori] errore E; contra] propter E
12	sit haereticus ∼ P
12–15	Sed . . . haereticus *om.* E
13	pure et mere ∼ C P; assentit] asserit C
13	assentit alicui ∼ P
13	alicui] necessitatur *add. et del. in lin.,* propositioni *add. in marg.* RBM
14	mentaliter *om.* P RBM; nullus] homo *add.* C Vat

1s	Anselmus Cant., De concordia praescientiae et gratiae dei cum libero arbitrio, Q.3, a.6, ed. Schmitt II (1946) 270.
7/8	Gratianus, Decretum, c.24, q.3, cap.27: *Haeresis.* Ed. Richter-Friedberg I, 997.
9	In Gal lect. 3 super 5,19 (PL 26,417 A).
9s	Cf. Aristoteles, Eth. Nik. I, a.1 (1094 a 2).

Praeterea sola pertinacia in errore facit haereticum et non simplex error, sicut patet 24 q.3: ‚Dixit Apostolus‘ et capitulo: ‚Qui in ecclesia‘. Capio igitur aliquem haereticum, qui sit a, et arguo sic: Quaero aut a credit esse verum illud, quod ipse defendit, aut non credit illud esse verum. Si non credit illud esse verum, tunc non est haereticus, quia 5 non credit aliter quam ecclesia credit, et in defendendo illud, quod non credit, mentitur saltem facto. Si autem credit illud esse verum, quod ipse defendit, vel ideo tantum credit illud esse verum, quia vult credere illud esse verum, vel quia aliqua evidentia praevenit assensum et necessitat eum ad sic credendum. Si primum, habetur propositum 10 quod mere libere credit aliquid esse verum, quia vult credere illud esse verum. Si secundum dicatur videlicet quod credit non praecise per electionem voluntatis, oportet quod intellectus suus iudicat quod ita est, sicut ipse credit; igitur non est pertinax sed deceptus et necessitatus ad errandum.   15
Praeterea aut haereticus credit se errare aut non credit se errare, sed defendere veritatem. Primum includit contradictionem videlicet quod aliquis credat unam propositionem et credat se errare in credendo il-

---

1   Praeterea] secundo E; et *om.* P
2   patet *om.* P; 24] 2 Vat
2   Dixit apostolus] dicit E, dicit amplius RBM
2   et capitulo: Qui in ecclesia *om.* P; et capitulo] et cetera C
3   aliquem *om.* C; arguo] arguitur P; quaero *om.* P
5   Si . . . verum *om.* C; credit . . . tunc *om.* E
5   tunc] ipse *add.* P
7   mentitur . . . facto ∼ C; autem *om.* B C E RBM Vat; illud *om.* P
8   ipse *om.* B RBM
8   tantum . . . illud ∼ Vat
8–13   tantum . . . oportet *om.* C
9   quia *om.* RBM
10   Si] dicitur *add.* Vat
11   aliquid] illud E
11   illud *om.* E
12   dicatur *om.* E; non praecise ∼ Vat; per] propter E
13   oportet] sed RBM; quod] quia C; oportet quod] sed quia E; iudicat] iudicet P
         Vat; quod ita est] sic esse Vat; ita . . . sicut *om.* E
14   deceptus] desceptus RBM
14/15   necessitatus] nominatus C
16   Praeterea] tertio E; aut] vel P; credit se errare *om.* P
18   credat¹] credit C
18   unam] aliam (aliquam) P, aliquam Vat

2s   Gratianus, l.c. cap.29: *Dixit Apostolus,* Friedberg 998; cap.31, Friedberg l.c.

lam propositionem, quia si Sortes credit a, Sortes credit quod ita est, sicut per a denotatur. Et si Sortes credit se errare in credendo a, credit quod non ita est, sicut per a denotatur, quod includit contradictionem. Si dicatur quod haereticus non credit se errare, sed credit se credere
5 veritatem, igitur invite credit falsum vel deceptus credit falsum. Similiter si non credit se errare, sed credit se credere verum, igitur ignorans errat et sequitur: Ignoranter errat, igitur involuntarie, igitur non pertinaciter errat. Si involuntarie errat, igitur non peccat mortaliter, quia involuntarium meretur veniam, „sicut natura nos non deserit, dum su-
10 mus, ita nec originale peccatum, sed tamen post baptismum non nocet": Extra de Summa Trinitate et fide catholica ‚Firmiter', capitulo ‚Dampnamus', vide in apparatu, qui sic incipit: ‚Creati sunt boni.' Extra de Summa Trinitate, ‚Firmiter'. In Glossa, quae sic incipit: ‚De fide catholica' et cetera, connotat iste glossator definitionem fidei, quam

---

1   quia] qui C; Sortes[1]] homo C; credit[1]] credat C; Sortes[2] *om.* Vat; quod *om.* E
2   per a denotatur] illa propositio significat Vat; Sortes] homo C, *om.* RBM Vat; Sortes *tantum add.* P; credet] credat RBM
2/3   Et . . . denotatur *add. in marg.* RBM, *om.* B E
3   per a denotatur ~ Vat; quod] quae B P RBM; includit] includunt P
4   dicatur] diceretur Vat; se[2] *om.* RBM
4   vel] et C E RBM Vat
6   sed . . . verum *om.* C E P Vat; verum *add. in marg.* RBM, veritatem B
7   involuntarie] errat *add.* B, errat sequitur involuntarie errat *add.* C; et . . . errat] et similiter ignoranter errat, igitur involuntarie errat. Et sequitur: Involuntarie errat, igitur non pertinaciter errat. Similiter involuntarie errat Vat, ergo invite et per consequens involuntarie, ergo non pertinaciter errat E
7/8   Ignoranter . . . errat] Igitur ignoranter errat, ergo involuntarie errat et sequitur: involuntarie errat, igitur non pertinaciter errat. Similiter involuntarie errat C
7/8   igitur[2] . . . errat[2]] errat et sequitur involuntarie errat P
9   meretur] indulgentiam et *add.* E
9   sicut natura *ab hoc usque ad finem articuli om.* E
10   ita] igitur B
10/11   non nocet *add. in marg.* RBM, sicut dicimus *add.* Vat; de] ad C; et fide catholica *tantum in* P; Firmiter] et *add.* P
12   Dampnamus] diabolus C Vat; in *om.* B RBM; qui] quae C
12   sic *om.* P Vat; Creati] curati B RBM
13   Trinitate] capitulo *add.* P
13   sic *om.* P Vat; fide] oli *add. et del.* RBM
14   cetera *om.* P Vat; iste] ibi P
14   fidei *om.* Vat

9–12   Decretales Gregorii IX, ed. Friedberg II, 1881, 5, Glossa, ed. Lyon 1584, col. 8.
11–13   Cf. Decretales Gregorii IX.
12 – pag. 103,16   Ibid. 5, Glossa col. 5.

dat Apostolus in Epistola ad Hebraeos: ‚Fides est substantia sperandarum rerum‘ etc. et dicit quod est in Epistola ad Galatas et reprobat
eam per duo argumenta: Tum enim, ut dicit, fides esset spes, tum quia
credimus tam praeterita et praesentia, et haec diffinitio facit mentionem tantum de futuris; et ideo dicit quod est quaedam notificatio fi- 5
dei, non diffinitio. Sed potest poni talis diffinitio magistralis secundum
eum: ‚Fides est voluntaria certitudo absentium, infra scientiam et supra opinionem constituta.‘ Et infra: ‚Sunt duae species fidei: Una for-
mata, quam habent boni et sancti, et alia informis, quam habent mali.
Prima est virtus et potest sic diffiniri: Fides est qualitas, qua quis credit 10
et diligit.‘ Et infra: ‚Principales articuli non sunt nisi septem, scilicet:
Incarnatio sive nativitas; baptismus; passio Christi sive mors eius; des-
census eius ad inferos; [et] resurrectio; ascensus in caelum; adventus
eius ad iudicium. Et licet quidam theologi dicant quod sunt plures,
puta quod 14, verius tamen est quod articuli sunt tantum septem.‘ 15
Haec ibi.
Sed nota De poenitentia d.5 in principio in Glossa: ‚Errat glossator de
institutione sacramenti confessionis dicens ipsum non immediate insti-

---

1 Epistola *om.* B C RBM Vat
1/2 sperandarum rerum ~ P, substantia . . . rerum ~ C Vat; etc. *om.* Vat
3 Tum] tunc P; enim . . . spes] quia tunc species (spes B) foret fides B RBM, tum
    quia spes foret fides Vat
4 tam *om.* B RBM Vat; praeterita et praesentia ~ B RBM; diffinitio] tantum *add.* P
4/5 tantum *om.* P; mentionem tantum ~ Vat
5/6 fidei *om.* RBM Vat
6 magistralis] generalis P
7 est *add. in marg.* RBM; absentium *add. in marg.* RBM, *om.* B
8 Et infra] et notandum quod RBM *add. in marg., om.* B
8 Sunt . . . species ~ Vat
9 quam . . . sancti *om.* RBM
9 et alia informis] alia fides informis RBM *in marg.*
10 qualitas *om.* B RBM
10/11 credit et diligit ~ Vat *et add.* quod diligit
11 et¹] quod RBM; Et² *om.* Vat; Et infra] secundum iura (?) B RBM, non *om.* Vat
11 nisi *om.* Vat; scilicet *om.* B RBM Vat; nativitas] et *add.* P
12 baptismus] et *add.* P; eius *om.* P
13 eius *om.* RBM; et] sive B RBM; in] ad B RBM
14 theologi] catholici P
15 quod¹ *om.* B RBM Vat; articuli] veri *add.* B RBM Vat
16 Haec ibi] et huiusmodi Vat
17 Sed *om.* P Vat
18 - pag. 104,1 institutum] constitutum Vat

1s Hebr 11,1. Cf. Gal 3,6–9; 5,5–6.
17 - pag. 104,5 Gratianus, Decretum, c.33 q.3 De poen. d.5 cum Glossa, ed. Venedig
    1605, fol. 1677 r, ed. Basel, fol. 375 va.

tutum a Christo nec ab aliquo Apostolorum, sed „a quadam universali
ecclesiae traditione potius quam ex novi vel veteris testamenti auctoritate, quae traditio ecclesiae obligat ut praeceptum. Et ideo necessaria
est confessio apud nos, non autem apud Graecos, quia non emanavit
5 ad illos traditio talis". Dictum autem Jacobi 5: «Confitemini alterutrum
etc.» fuit pium consilium, non praeceptum, quia aliter ligaret Graecos.'
Haec glossator, quae sunt contra theologos communiter ponentes omnia immediate instituta a deo secundum illud 1 q.1: ‚Sunt non nulli.'
Dicit Glossa quod ista littera non est in Isaia: ‚Beatus qui excutit manus
10 suas ab omni munere', sed in ipso Psalmo: ‚Judica me, domine' ibi: ‚In
quorum manibus' etc.

Tertius articulus

Contra quem invehit, est quod cognitio creaturae est res distincta a
creatura. Dicit enim iste socius subtiliter satis quod omnis cognitio est
15 potentia cognitiva; potentia autem cognitiva hominis est anima intellectiva, in quo dicit verum. Unde infert quod omnis cognitio est potentia cognitiva. Ista via et omnis consimilis, per quam homo reducitur ad

---

1	a² *om.* P; universali *add. in marg. RBM, om.* B
2	ex *om.* P; novi vel veteris ∼ P, non vel veteri testamento Vat
3	obligat] obligativa (obligative B) est RBM; ut] non est Vat
4	autem *om.* B RBM Vat
5	5 *om.* RBM Vat
6	etc. *om.* Vat; pium] primo RBM
7	quae sunt *usque ad finem articuli om.* P; contra] apud Vat
8	secundum . . . q.1] 7 quaestione prima Vat
9	Glossa] aliter Vat
10	omni *add. et del.* RBM
10	ibi *om.* Vat
13	invehit] invehitur E P Vat; creaturae *om.* Vat
14	iste *om.* B RBM
14	subtiliter satis ∼ Vat; est] in *add.* RBM
15	cognitiva¹⁺²] cognoscitiva Vat, cognoscendi E; hominis *om.* P Vat; anima] homi-nis *add.* Vat
17	cognitiva] cognoscitiva Vat; et] etiam *add.* E; Ista] illa RBM
17	per] propter Vat; reducitur] deducitur E

5s	Jac 5,16.
8	Gratianus, Decretum c.1, q.1, cap.114; cum Glossa, ed. Venedig 1605, fol. 523 r, ed. Basel 1512, fol. 117 rb.
10/11	Ps 25 (26), 10.

paucas res sic quod ponendo paucitatem rerum, quae non cadunt sub
sensu, possunt salvari omnia, quae ponit communis philosophia, quae
innititur experientiae, est multum acceptabilis imaginationi hominis.
Sed vere istius positio nihil operatur ad finem talem; non enim ponit
pauciores res in anima quam communiter ponentes, sed forte plures, 5
facit tamen (tum?) novas nominum transpositiones vel magis renovat
antiquas. Unde principalis conclusio, quam iste iam per biennium nisus est probare, est ista scilicet quod illud, quo homo formaliter intelligit, est anima hominis; ponit tamen species subiective inhaerentes
ipsi animae et similiter verbum productum et actum voluntatis distinc- 10
tam rem ab anima, quam vocat amorem spiratum, et simul cum istis
quod anima est mere potentia passiva nec concurrit aliquo modo effective in productione verbi vel amoris spirati. Ponit etiam in materia
ista quod species in anima intellectiva vel in angelo est vere et realiter
eiusdem speciei cum re extra, et consequenter concedit quod angelus 15
est aliquando calidus, aliquando frigidus, aliquando albus, aliquando

---

1	quae] quem Vat
2	possunt salvari] possint salvare P, . . . probare Vat; quae *om.* E; communis *om.* B
4	Sed] scilicet RBM; istius] ista P; istius positio] paucitas illius potentiae E; finem *om.* P; talem *om.* B; ponit *add. in marg.* RBM, *om.* B
5	pauciores] pauciora P; res *om.* B E P RBM; ponentes] ponuntur ab aliis P
5	plures] plura P
6	novas] hominum impositiones *add. (et del.?)* Vat
5/6	forte . . . transpositiones *om.* E
7	iam *om.* P
7/8	iam . . . est[1] ∼ E *et dupl.* iam; nisus] visus RBM
8	scilicet *om.* B RBM Vat; quod *om.* RBM; illud *add. in marg.* RBM
9	ponit tamen] et ponit P
10	animae *om.* Vat; et[1] *om.* B RBM Vat
11	spiratum] ab anima *add. et del.* P
12	modo *add. in marg.* P
14	ista] illa RBM
14	in[2] *om.* P; et *tantum* P
15	extra *om.* E

6	Ad conceptum ‚transpositiones‘ cf. L. M. De Rijk, Logica Modernorum I (Assen 1962, *sub conceptu:* ‚translatio‘, ‚transsumptio‘ ‚transpositio‘ – Register pag. 673).
8–13	Crathorn, q.VI, concl. 8 et 9 (ed. H. 339–344).
15	Crathorn q.I, concl. 7 (ed. H. 119,5–8; 120,25–29).
16s	L.c. (ed. H. 121,28–122,5).

niger, et quod vera natura lapidis est in caelo empireo cum angelo.
Non tamen est ibi qualitas vel accidens in angelo, sed est substantia
dependens ab angelo sicut substantia ignis in ferro ignito, nec est qualitas nec accidens sed una substantia dependens a ferro et coexistens
5 in eodem loco cum ferro.

Concedit etiam quod anima est vere et realiter colorata per colorem,
quando intelligit colorem, et vere calida, quando intelligit calorem, et
quod aliquando est nigra et aliquando est fusca et sic de singulis coloribus, quos sentit, sicut dicitur sive vere sive fabulose de chamaeleone
10 secundum ISIDORUM Libro Ethymologiarum c.2, quod vario modo mu-
tat colorem ad aspectum coloris, quem videt.

Et AUGUSTINUS secundo De Trinitate c. secundo et Anselmus c.2. De
magnis et c.7. De parvis.

1	et *om.* E; quod *om.* P
1	empireo] empirico P
2	ibi *om.* E Vat
3	ignis *om.* Vat
4	ferro] ex quo *add. et del.* RBM
5	loco *om.* Vat
3/5	nec . . . ferro *om.* E
6	etiam *om.* B RBM
6	et . . . colorata ∼ B RBM; colorata] collorata P RBM
6	colorem] calorem E
7	et . . . calorem *om.* RBM
7	quando intelligit² *om.* E; quod] anima P, *add.* E
8	quod . . . fusca] vere anima aliquando est candida aliquando fusca Vat
8	et¹ *om.* P; est² *om.* E RBM
9	sive¹ *corr.* Vat
9	chamaeleone] cameleone P Vat, cameleonte RBM
10	secundum . . . c.2 *om.* P; libro *om.* B RBM
10	quod] qui P
11	aspectum coloris] inspectum corporis B RBM Vat, aspectum] corporis E
11	quem] quod B E RBM Vat
12	secundo] primo E; Trinitate *om.* RBM
12/13	et Anselmus *om.* B E; Et . . . parvis *om.* P Vat
13	c.7] c.9 E

6–11	Crathorn q.I, concl. 7 (ed. H. 120,30–34).
10–11	Isidorus Hisp. Liber Etymologiarum XII, c.2, de Chamaeleone (PL 82,436 s/ n.55).
12	Augustinus, De Trin. XI c.2 (PL 42,988; CCL 50,332).
12–13	<*Nescio intellectum huius dicti. Verisimile est quod spectat in sequentem articulum, in quo Holcot diversa argumenta ex Commentario suo de Sententiis Petri Lombardi repetit, scilicet ex q.1 libri tertii. Ibidem in principio quaestionis laudat argumenta sequentia Augustini et Anselmi Cant.*>

Etiam asserit iste quod nulla est propositio mentalis in homine, nisi quae est naturalis similitudo propositionis vocalis vel scriptae. Et quot sunt differentiae propositionum scriptarum in libris scilicet, quia quaedam sunt propositiones aureae et quaedam argenteae, quaedam nigrae et quaedam virides vel albae et sic de ceteris coloribus, tot se- 5 cundum eum sunt propositiones mentales in homine, qui tales vidit et legit, distinctae secundum speciem ita quod in postrema cellula capitis sunt tales propositiones mentales, in quibusdam plures et in quibusdam pauciores, secundum quod aliqui diversos libros legerunt diversis coloribus descriptos. 10

---

1   Etiam asserit ∼ P Vat, assentit Vat
1   est . . . mentalis ∼ P
2   est *om.* Vat
2   vel] et E Vat
3   in libris scilicet *om.* B RBM; scilicet *om.* Vat; quia] quod P; quaedam] aliquae
     RBM, aliae B Vat
4   propositiones *om.* P; et quaedam¹] aliae Vat; argenteae] et *add.* E
5   et¹ *om.* E P; et² *om.* Vat
5   ceteris coloribus] aliis P
6   tales] eas P
8   et *om.* E P
9   quod] aliquando *add.* Vat; diversos] plures E
10   descriptos] scriptos RBM

Holcot, Sent. III a.1 (Ꝺ fol. k VI ra 21-26. P fol. 75 ra 14-20. RBM fol. 76 rb 29-34):
„Praeterea si sic, igitur homo deberet magis velle non esse quam illi homini inferre maliciose quamcumque molestiam secundum Anselmum, II Cur deus homo, c.14. Consequens est falsum, quia si sic, posset aliquis eligere et non esse et annihilari, ⌐quod est⌐ (*om.* Ꝺ P) contra Augustinum (Anselmum Ꝺ) De libero arbitrio c.V. de magnis et de parvis, c.XI, XII et XIII." <*Haec notiones: parva – magna, maiora – minora, apud magistros scholasticos quasi principia in usu fuerunt.*>
Cf. Augustinus, De libero arbitrio III, c.5 (PL 32,1276-1279); *praesertim* 1279: „Ratio aestimat luce veritatis, ut recto iudicio subdat minora maioribus." Cf. *ibid.* c.11 et 12, *ubi Augustinus monet Deum laudare pro creatione universi, cuius ordo in recta et mutua relatione meliorum et inferiorum creaturarum firmatur.* (PL 32,1287-1289).
Cf. Anselmus Cant., De libertate arbitrii, c.12 (ed. Schmitt, Edinburgi 1946, tom. I 223,18-21; 224,5-12). Idem, Cur Deus homo II, c.14 (ed. cit. 11, tom. II,113-115).
Cf. Thomas Aq., In Octo Libros Physicorum Aristotelis Expositio (Marietti) 1954. I lect. 11, n.94: „Et sic hoc quod Plato posuit, quod unum et magnum et parvum sint principia rerum, fuit etiam opinio antiquorum naturalium, sed differenter."
6-8   Crathorn, q.II (ed. H. 171,1-15; totus processus percipiendi ibid. concl. 4,157 s).

Praeter istas propositiones vel conceptus mentales, quae sunt naturales similitudines vocum vel scripturarum, non est aliqua alia propositio mentalis ponenda. Ex quo sequitur quod Graecus, qui numquam audivit Latinum nec vidit scriptum, et Latinus, qui est cum Graeco catho-
5 licus, nullam propositionem habent communem nec unus alteri similem. Unde secundum istum caecus et surdus a nativitate non possunt aliquam popositionem mentalem habere.

Contra ista nolo arguere, quia sunt contra ARISTOTELEM, AUGUSTINUM, ANSELMUM et communiter contra totam scolam. Unde ARISTOTELES in
10 Topicis: Quolibet contraria opinionibus proferente sollicitum esse stultum est.

Quartus articulus

Quartus articulus fuit quod casu possibili posito homo potest meritorie frui creatura. Casus positus fuit talis: Ponatur quod aliquis puta Johan-

---

1   vel] et P; vel conceptus *om.* E; propositiones . . . mentales ∼ P
1/2   naturales similitudines ∼ P; vel] et P; scripturarum] scriptorum P RBM
2   alia *om.* P
3   sequitur *add. in marg.* P
4   Latinum] propositionem latinam RBM
4/5   catholicus] catholico E
5/6   alteri similem] propositionis alterius habet similitudinem E
6   caecus et surdus ∼ P
6   possunt] potest P Vat
7   aliquam] aliam P; propositionem mentalem ∼ Vat; non . . . habere ∼ E
7   mentalem] communem E
8   ista] istum E; quia sunt *add. in marg.* P, cum sit E Vat
8/9   Augustinum Anselmum ∼ Vat
9   communiter . . . scolam] contra communem E; contra *om.* Vat
9   scolam] et cito erit articulus condempnatus Parisius *add.* E; Aristoteles *om.* E; in Topicis *om.* P, prima Topicorum E Vat
10   quolibet] quaelibet Vat; opinionibus *om.* E; proferente] proferentem RBM, perferente Vat; est] etc. *add.* B, et haec de isto articulo *add.* E
13   Quartus] quintus B RBM; quod] pro RBM; possibili *om.* B RBM
14   positus fuit ∼ P; positus *om.* Vat
14   Ponatur] ponitur P; Johannes *om.* E

1-3   Sed contra vide l.c. (ed. H. 170,35 s): „Igitur praeter verba, quae sunt signa naturalia rerum, oportet ponere verba mentalia, quae sunt signa rerum *ad placitum.*"
9   Cf. Aristoteles, Top I c.11 (104 b 22–24); cf. VIII, c.14 (164 b 8–13).
10   ℑ add.: Articulus quartus coincidit cum tertio; ideo dicendum sicut ad tertium.

nes, erret discernendo inter Christum et Jacobum et credat, Jacobum
esse Christum, et sint omnes tres viatores. Tunc arguitur sic: Johannes
diligit Jacobum super omnia; igitur fruitur eo. Antedecens probatur,
quia vult Jacobum esse deum et per consequens sibi vult summum
honorem et summum bonum, igitur summe eum diligit. Quod autem 5
casu isto posito velit Jacobo summum honorem patet; quia isti vult
summum honorem demonstrato Jacobo; igitur vult Jacobo summum
honorem. Item istum adorat adoratione latriae; igitur istum diligit super omnia. Quod autem totum illud facit meritorie et ordinate probatur, quia error suus est invincibilis; igitur simpliciter excusat. Quod 10
autem error suus sit invincibilis, patet ex casu, et sic consequenter di-
cebatur quod, si diabolus transfiguraret se in effigiem Christi et deo
permittente causaret firmam fidem in animo alicuius simplicis quod
esset Christus, et talis simplex eum adoraret adoratione latriae et frueretur eo, posset dici consequenter quod talis meritorie frueretur dia- 15
bolo et meritorie adoraret diabolum et peccasset mortaliter, nisi hoc
fecisset, si addatur ad casum quod conscientia sua sic sibi dictasset
faciendum vel peccare mortaliter.

1	erret] eravit RBM
1	discernendo] distinguendo E; inter *om.* B
2	omnes *om.* B P; viatores] et *add.* P
2	Tunc arguitur ∼ P
4	quia] quod RBM
4	sibi vult ∼ P Vat
4/5	summum honorem et *om.* B RBM; summum . . . bonum ∼ Vat *et om.* summum²
5	bonum] patet quia isti vult summum bonum et summum honorem *add.* Vat
6	casu *om.* P
6/7	vult Jacobo ∼ RBM Vat, velit E
8	honorem] et summum bonum igitur eum summe diligit *add.* E; Item *om.* B RBM
9	omnia] et *add.* P
9	autem *om.* P; totum illud ∼ Vat; illud *om.* E, istud P; facit] faciat Vat
9/10	probatur] probavi P
10	excusat] et *add.* B RBM
10/11	Quod . . . casu *om.* E; autem *om.* RBM Vat, suus *om.* P
11/12	dicebatur] probaretur E
12	et *om.* P
13	animo] anima E
14	simplex *om.* E
15	posset] potest E
15	consequenter *om.* Vat, convenienter C; frueretur] fruebatur C E
16	adoraret] adoravit C E RBM; diabolum] eum E
17	sic *om.* E P; dictasset] haec *add.* E
18	peccare] peccasset P

Istud dictum non placet cuidam alteri socio fratri minori, immo dicit
quod includit contradictionem quod aliquis fruatur diabolo vel creatura et mereatur eodem actu. Hoc probatur multipliciter.
   Primo sic. Sequitur: Fruitur diabolo, igitur diligit diabolum propter se,
5 igitur amore inhaeret diabolo propter se, igitur non fruendo fruitur.
Sed hoc est peccatum, quia secundum AUGUSTINUM omnis perversitas,
quae peccatum nominatur, est uti fruendis et frui utendis.
   Secundo sic: Sequitur: Iste meretur, igitur est in caritate. Et sequitur:
Diligit diabolum super omnia, igitur peccat mortaliter, igitur simul ali-
10 quis meretur exsistens in gratia et peccat mortaliter.
   Tertio sic: Si aliquid in casu articuli excusaret Johannem a peccato,
hoc foret error suus. Sed error in articulis fidei nullum excusat, sicut
patet 22.q.2, ‚In ipsarum consideratione‘, ubi habetur quod in hiis,
quae ad fidem pertinent, gravius est falli quam alios decipere in aliis
15 contractibus; et expresse dicitur super capitulum praecedens in apparatu quod fallere aliquem in contractu aliquo est minus peccatum
quam falli circa articulos fidei. Cum igitur iste fallatur circa articulum
fidei, quia credit diabolum esse deum, eo ipso quod fallitur peccat.

1	cuidam] credam E; socio] reverendo *add.* C
1	fratri minori *om.* P RBM
2	includit contradictionem ∼ C P
2	vel] et Vat; vel creatura *om.* C
2/3	vel . . . multipliciter *om.* E
3	probatur] probat B C RBM
4	Primo sic] quia E; Sequitur] si Vat, aliquis *add.* E
4	propter] praeterea C RBM
5	inhaeret diabolo ∼ Vat; propter] praeterea C RBM
6	sed hoc est peccatum *om.* E
6	quia *om.* P; Augustinum] nam *add.* P, Augustinus *add. in marg.* RBM
7	quae] quod C, *add. in marg.* RBM; et] vel C P
7	uti . . . utendis ∼ Vat
8	Sequitur *om.* B RBM
10	in] vero C; peccat] peccans Vat
11	sic *om.* E; aliquid . . . articuli ∼ Vat
12	hoc *om.* C E RBM Vat; error suus ∼ Vat
15	capitulum praecedens] casum praecedentem B E Vat
16	contractu] contracto Vat; aliquo] aliquando C, modo *add.* P; est . . . peccatum ∼ C P Vat
17	Cum igitur ∼ Vat; fallatur] fallitur B RBM
17	articulum] articulos P

6/7   Augustinus, De div. quaest. 83, q.30 (PL 40,19; CCL 44 A, 38).
13–17   Decretum Gratiani, c.22, q.2, cap.7 (ed. Friedberg I, 869).
15–17   Decretum Gratiani, l.c. cap.6.

Quarto sic: Dubius de aliquo actu, an sit peccatum mortale vel non, et non obstante tali dubitatione committens talem actum peccat mortaliter. Igitur cum iste sit dubius, an Jacobus sit Christus vel non, diligendo Jacobum super omnia peccat, quia praeceptum dei est quod nulla creatura diligatur super omnia. 5

Propter ista tenet iste socius quod nec errore nec aliqua ignorantia exsistente in eo potest homo meritorie frui creatura. Et ad casum respondet quod Johannes in tali casu non debet diligere Jacobum super omnia absolute sed sub conditione, puta si ipse sit deus.

Ista impugnatio satis bene procedit contra verba mea, sed tamen non 10 contra intellectum, quem habui, quando ea dixi. Unde laboramus in una aequivocatione de isto termino ,frui‘, qui quidem terminus potest dupliciter exponi. Uno modo sic quod diffinitio exprimens quid nominis istius termini ,frui‘ sit ista: ,Amare aliquid propter se.‘ Alio modo potest exponi secundum usum communem loquendi ut diffinitio ex- 15

---

1   Dubius] dubitaturus Vat; sit peccatum ∼ B RBM
1–3   de . . . dubius *om.* C
1   mortale *om.* E; vel] aut B; et non obstante] stante Vat
3   an] aut E, iste scilicet *add.* E; vel] an B
4   peccat] mortaliter *add.* P
5   diligatur] diligis E
6   iste socius ∼ C B RBM Vat; nec[1]] nullo C E; errore] error P
6   aliqua] quaecumque E P, quacumque C Vat
7   existente] existens P; eo] creatura B P RBM Vat, causa C; potest] facere quod *add.* P
7   frui] fruatur P, uti E
8   debet] deberet C Vat; super omnia *om.* P *et add.* absolute
9   sed] nisi B P Vat; conditione] scilicet super omnia *add.* P
10   procedit] vadit E
10   tamen non *om.* P; tamen *om.* C E Vat
11   ea] ista P, *om.* E; dixi] nihil facit *add.* P
12   una aequivocatione] aequivoco E; frui *add. in marg.* RBM, *om.* B; qui . . . terminus] nam E; quidem *om.* P; terminus *om.* C
13   dupliciter] multipliciter P; sic quod *om.* E; sic *om.* C
13–15 Uno . . . exponi *om.* Vat
14   istius] illius RBM; istius termini *om.* E; ista] talis P; ista] frui est *add.* C E
15   exponi] et *add.* P
15   usum communem ∼ C P Vat, communem *perd.* C; usum] modum C; loquendi] loquentium C E
15 – pag. 112,1   ut . . . ista *om.* E

13/14   Cf. Thomas Aq., Sent. I, dist. 1, q.4, art. 1 (ed. Parisiis 1929, pag. 42): „Frui enim est quiescere voluntatem delectatam in cognitis propter se.“ Augustinus, De doctr. christ. I cap.4 (PL 34,20; CSEL 80,10): „Frui autem est amore inhaerere alicui rei propter se ipsam.“ Cf. De Trin. X, cap.10, n.13 (PL 42,981; CCL 50,327).

primens quid importatur per nomen sit ista: ‚Velle alicui summum bonum vel velle alicui tantum bonum, quantum tenetur velle deo.' Primo
modo accipiendo istum terminum ‚frui' dico quod errans circa creaturam putans eam esse deum non potest frui creatura stante casu argu-
5 menti, quia Johannes in casu illo non diligit Jacobum propter se, sed
quia putat eum esse deum. Nec adorans diabolum adorat eum propter
se, certum est. Sed accipiendo istum terminum ‚frui' secundo modo
pro eo, quod est velle alicui summum bonum vel tantum bonum,
quantum tenetur velle deo, dico quod per errorem vel ignorantiam
10 invincibilem homo potest meritorie frui creatura quacumque.
　　Per haec ad argumenta. Ad primum quando arguitur: Iste fruitur diabolo, igitur diligit diabolum propter se, antecedens est distinguendum
eo quod frui potest accipi primo modo vel secundo modo. Si primo
modo, antecedens est falsum et consequentia bona. Si secundo modo,
15 antecedens est verum et concessum a me, sed consequentia non valet,
sicut patet, quia non sequitur: Johannes vult Jacobo summum bonum;
igitur Johannes diligit Jacobum propter se. Et quando arguitur quod
quocumque modo accipiatur frui, videtur secundum AUGUSTINUM
quod frui utendis sit perversitas, dico quod non, sed scienter frui uten-
20 dis – sive primo modo sive secundo modo – est perversitas et peccatum, non autem frui secundo modo aliquo per ignorantiam, quo uti
deberet.

1　　　　nomen] terminum P
1/2　　summum . . . alicui *om.* E
2　　　　vel . . . bonum] summum honorem et tantum honorem P; tenetur] debet B
　　　　　RBM, tenentur C
5　　　　illo] isto C RBM Vat, *om.* E
6　　　　eum[1] *om.* RBM
6　　　　eum[2] *om.* B C RBM
7　　　　frui *om.* E P
9　　　　vel] per *add.* C
10　　　homo potest ~ P; meritorie . . . quacumque ~ Vat
11　　　haec] hoc E; Ad primum *om.* Vat
12　　　diligit . . . se] etc. E
12　　　distinguendum] est dicendum *add. et del.* RBM
13　　　modo[2] *om.* C P
14–16　antecedens . . . sicut *om.* E
16　　　quia] quod E
17　　　quod *om.* B C E RBM
18　　　quocumque modo] quomodocumque C RBM; modo *om.* Vat
19　　　utendis] utendo C P
19　　　frui[2] *om.* Vat; utendis[2]] utendo C P Vat
20　　　modo[2] *om.* B C E RBM
21　　　autem *om.* C; aliquo *om.* B; per ignorantiam *om.* C E
22　　　deberet] debet P

Ad secundum quando arguitur: Supposito quod Johannes per errorem secundo modo fruatur diabolo, quem putat esse Christum, dico quod meretur. Et quando arguitur: Meretur, igitur est in caritate, concedo consequentiam et consequens. Et quando arguitur: Diligit diabolum super omnia, igitur peccat mortaliter, potest dici negando consequentiam, quia dilectio illa excusatur per errorem invincibilem in intellectu.

Ad tertium quando arguitur quod talis error non excusaret eum in casu posito, quia ‚error in articulis fidei nullum excusat‘, potest dici: Immo in articulis quibusdam errans ex simplicitate non peccat mortaliter, sicut si vetula ex simplicitate crederet suo episcopo praedicanti errorem circa aliquem subtilem articulum, talis non incurreret haeresim, sicut patet 24 q.3: ‚Qui in ecclesia.‘ Similiter error, quo talis errat, non est contra articulum fidei, immo stat talis error cum fide cuiuscumque articuli. Et quando probatur quod sic, quia iste credit diabo-

---

1 arguitur] quod *add.* P
2 secundo . . . fruatur ∼ C P Vat
2 esse] deum vel *add.* P
6/7 in intellectu] et necessarium Vat
9 excusat] etc. *add.* P; potest dici ∼ Vat; dici] quod *add.* B E RBM Vat
10 articulis quibusdam ∼ C Vat
10 ex simplicitate non] excusatur nec Vat
11 suo episcopo ∼ P
12 aliquem] talem Vat, *om.* E; subtilem] specialem E
13 patet *om.* P; 24] 14 P Vat, ex E
13 Similiter] talis *add.* P; talis *om.* P; errat] quis talis *add.* P
14 talis error *om.* B E RBM
14/15 cuiuscumque] cuiuslibet P
15 iste] ipse RBM

11–15 Decretum Gratiani, c.24, q.3, c.29 et 31 (ed. Friedberg I,998).
11–13 Cf. Holcot, Sent. III, q.1, a.6 (ℨ fol. 1 V vb 3–21. P fol. 83 va 49 – b 16. RBM fol. 83 va 29–47. Correxi secundum P et RBM):
„Sextus articulus est an aliquis possit mereri per fidem falsam. In isto articulo breviter dico quod sic in multis casibus. Et est communis casus et vulgaris: Ponatur quod aliqua vetula audiat praelatum suum praedicantem aliquem articulum haereticum, de quo ipsa non tenetur habere fidem explicitam, sicut esset gratia exempli de isto articulo, an Christus fuit lanceatus ante mortem vel post, et praedicet sibi assentiri quod ante. Ista propter oboedientiam quam habet et bonam voluntatem, qua vult credere, quidquid ecclesia credit, assentit isti voluntarie, qui credit quod ecclesia ita credit. Hoc casu posito dico quod ista per istam fidem erroneam meretur. Cuius probatio est, quia assentit bona voluntate et errat errore invincibili, qui excusat; igitur meretur. Sed oppositum istius tenet socius in tali casu cum (Wilhelmo *add.* P, Gilberto *add.* RBM) Altisidorensi libro 3°, ubi agit de fide. Dicit enim quod ipsa non debet credere praelato praedicanti

lum esse deum, haec est distinguenda secundum antiquum modum
loquendi quod actus credendi potest denotari transire in dictum vel in
rem dicti eodem modo, quo solet haec distingui: ,Angelos canere audi-
tur a te.‘ Si per istam: ,Johannes credit diabolum esse deum‘, denota-
5 tur quod actus credendi transeat in dictum, sensus est: Haec est cre-
dita a Johanne: ,Diabolus est deus.‘ Si vero denotetur quod actus credendi transeat in rem dicti, sensus est quod actus credendi transit in
propositionem, cuius subiectum supponit pro re, quae est diabolus, cuius est ista: ,Iste est deus‘ demonstrato diabolo. Sic transfigurato modo
10 bene stant simul quod aliquis credat istam: ,Iste est deus‘, et tamen
quod credat omnem articulum fidei.
Similiter posito quod Christus dimisisset humanitatem, quam accepe-
rat de Virgine – humanitate illa iam adulta – et latuisset hoc Beatam
Virginem, certum est quod nihilominus ipsa istum filium suum adoras-
15 set adoratione latriae et per consequens credidisset eum esse deum, et

---

1	deum] Christum E
2	loquendi] credendi E; quod] quia C E P Vat
3	eodem] eo P; haec om. E
3	canere] cantare E; auditur a te del. E et add.: vel audire a te
4	Si] quia Vat; per istam] in ista P
4/5	denotatur] denotetur C, denotatur quod om. B RBM
7	credendi om. E; transit] transeat C E P Vat
8	quae] res add. E; cuius] cuiusmodi C E
9	modo om. E
10	stant] stat E
11	omnem articulum] omnes articulos P
12/13	acceperat] assumpsit P, accepit E
13	de] in E, beata add. P; illa om. B RBM; iam] non P
13	latuisset hoc ∼ P; hoc om. E
14	nihilominus ipsa ∼ C Vat, ipsa om. P, illa C; istum] illum C P, om. B RBM
15	latriae om. E; eum] ipsum B RBM, om. C; et om. E

---

articulum fidei contrarium, quia tunc non crederet, quidquid sancta mater ecclesia credit, et peccaret mortaliter.“
Ibid. (ℨ fol. 1 VI ra 33–41. P fol. 84 ra 38–48. RBM fol. 83 vb 58–66. Correxi
secundum P et RBM):
„Et ideo dicendum est quod ista vetula in credendo haeresim meretur, quia
credit errorem, qui nullo modo potest sibi imputari, quod illud sit credendum,
quod est damnatum. Et ideo implicite credit oppositum, quia credit istam (propositionem add. P) esse veram: Nihil aliud est verum, nisi quod ecclesia credit
esse verum. Et ideo quia fides implicita est vera, licet explicita non sit vera, ad
quam non tenetur, sed ex simplicitate decipitur, ideo non est sibi periculum
aliquod de errore.“
12 – pag. 115,4   Cf. Holcot, Sent. III, 1, a.5 (ℨ fol. 1 V va 39 – b 3. P fol. 83 va 25–50.
RBM fol. 83 va 10–30):
„Quinta ratio mea fuit talis secundum recitationem suam, licet non esset sic in
rei veritate; sed non est cura. Ponatur quod Christus dimisisset humanitatem

optasset ei summum bonum et honorem et formasset tales affectiones mentales: ‚Diligo te propter te'. ‚Fruor te', licet errasset, et per tales actus erroneos tantum meruisset, quantum meruit per affectiones ex notitiis veridicis et non erroneis. Ad glossam illius decreti dico quod habet intelligi de errore non invincibili. 5

Ad quartum dico quod talis non est dubius sed credit determinate, licet erret.

Sed contra dicta superius in applicando distinctionem de frui ad propositum adhuc potest argui quatuor modis, qui solvi possunt ex praedictis hic vel alibi sicut placet studenti. 10

Arguo primo sic et casu isto posito quod si Johannes credat diabolum transfiguratum esse Christum, quia tunc diligit eum propter se et fruitur illo, primo modo accipiendi frui. Nam proponatur ista Johanni stante casu priori: ‚Johannes fruitur isto', demonstrato diabolo et acci-

---

1 ei] sibi C B Vat; optasset . . . honorem *om.* E; bonum et *om.* C P Vat
1 affectiones] propositiones B RBM Vat
2 Fruor te *om.* E RBM
3 tantum *om.* P
3/4 ex notitiis *om.* P
4 veridicis] veridicas P; erroneis] erroneas P; illius] huius E
6 dubius] dubeus RBM; credit] credens B RBM
8 dicta *om.* C
9 modis] mediis C ℑ; qui] quae C
10 hic *om.* C RBM; alibi] aliter C RBM; placet] patebit E, placebit *et corr.* C; studenti *om.* E
11 Arguo . . . posito *om.* E; et] probo quod *add.* C; posito] scilicet *add.* C
12 esse] in *add.* RBM; quia] quod C
12 eum] deum E; et] similiter *add.* E
13 illo] eo C; ista] homini *add.* B RBM
14 stante . . . priori *add. in marg.* RBM
13/14 priori *om.* C E; Johanni . . . priori ∼ C

---

assumptam iam adultam et hoc latuisset Beatam Virginem, ipsamet nihilominus adorasset istum hominem adoratione illa qua prius: Igitur errasset et tamen in nullo peccasset, quia error facti est simpliciter invincibilis. Ad istud respondet quod tunc illuminasset <deus> (*add.* P, RBM) mentem Beatae Virginis et custodisset eam a tali adoratione; sed si simpliciter adorasset, peccasset . . . Sed planum est quod haec responsio non solvit instantiam (argumentum ℑ), tum quia negat casum argumenti quod possibile esset quod Christus naturam assumptam dimisisset, nisi de illa dimissione informasset Beatam Virginem, ⌐quod quidem⌐ (quia ℑ) omnino divinae potentiae contradicit: non enim tunc posset facere, quidquid fieri non includit contradictionem, sicut notum est; tum quia (responsio *add.* P RBM) dicit quod stante tali ignorantia invincibili in mente Beatae Virginis ipsamet peccasset adorando, quod superius est multipliciter improbatum, quia talis ignorantia causat involuntarium et per consequens excusat omnino."

8 Explicationes sequentes usque ad pag. 117 lin. 10 *om.* P Vat.

piendo frui primo modo, certum est quod Johannes concederet istam.
Igitur licet in casu homini assentire talibus propositionibus: ‚Fruor te.'
‚Diligo te propter te.' ‚Adoro te propter te tanquam deum.' ‚Opto
beatificari per te et te esse rectorem mundi.' ‚Gaudeo quia tu es deus',
5 demonstrato semper diabolo vel creatura. Sed omnes istae affectiones
videntur esse fruitiones primo modo capiendo frui. Igitur primo modo
in casu licet frui creatura.

Praeterea diligat idem Johannes postea deum super omnia consimilibus affectionibus animae, tunc arguitur sic: Consimilibus affectionibus
10 omnino et aeque intense et tantum bonum optando dilexit iste prius
diabolum, sicut modo diligit deum. Sed vere nunc fruitur deo; igitur
vere prius fruebatur diabolo primo modo accipiendo frui.

Praeterea videat aliquis alius puta Sortes diabolum transfiguratum et
credat eum esse diabolum. Stante Johanne in sua prima opinione deo
15 permittente ipsum errare, comminetur Sortes Johanni quod occidet
eum, si adoret eum; conscientia Johannis dictat sibi quod eum debet
adorare. Posito igitur quod Sortes eum occidat pro ista idolatria, quaeritur tum, an Johannes damnabitur. Videtur quod non, quia error suus
fuit invincibilis, nec tenebatur credere Sorti, si sit ita. Igitur conscientia

---

1   primo] illo C
1   istam] illam RBM
3   propter²] te⁴ om. C
3/4   Adoro . . . te¹ om. E
3   opto perd. C
4   mundi om. C E
5   demonstrato] demonstrata C E; diabolo vel om. C E
6   videntur] semper add. E
6   primo¹] secundo E
8   Praeterea] secundo arguitur E; idem Johannes] iste idem E; postea om. E
8   super omnia om. C
9   affectionibus] afflictionibus C; animae] omnino C
8/9   super . . . sic om. E
10   iste] ille RBM
11   Sed] hunc C; nunc om. C; deo om. C
12   prius] tunc E
12   accipiendo] ly add. C E
13   alius] illius add. C; diabolum] sic add. E
14   sua] suo C; prima om. C E
15   quod] Sortes add. C; occidet] occidat C E
16   eum om. E; dictat] dictante E
17   Posito] ponatur C RBM; occidat] occidet E
17   ista om. E
18   tum om. C E; Videtur] apparet C E; quod add. sup. lin. RBM; suus om. C
19   credere] oboedire E et ~; credere om. C; si om. C; sit ita igitur] ista E

erronea obligavit. Similiter adoravit eum propter deum putans se obsequium praestare deo.
Praeterea quaero, an sit possibile aliquem veraciter committere idolatriam. Probo quod non, quia vel credit illud quod adorat esse deum vel
creaturam. Si deum, igitur intendit adorare deum. Sed intentio format 5
actum, igitur non est idolatria. Similiter si sic credit et est error invincibilis, igitur tenetur sic facere. Si non credit istum esse deum, igitur
non adorat corde sicut deum. Igitur non vere colit diabolum, igitur
non committit veraciter idolatriam, sed ficte. Igitur non contingit
veraciter aliquem idolatrare. 10
Sed quod homo potest adorare diabolum in casu sic transfiguratum
per errorem invicibilem sine peccato potest dici et dico ad praesens
quod hoc est verum. Et arguo sic: Pono quod sint duo homines, Petrus
et Johannes, et ostendat se Christus Petro in certa effigie et credat

---

1   erronea *om.* E; obligavit] obligat E; Similiter adoravit *om.* E
1/2   obsequium praestare ∼ C
3   Praeterea quaero] quarto E; sit possibile ∼ C E, est E
4   Probo] videtur E
7   igitur¹ *om.* C E
7   istum] illud C E
8   diabolum] idolum C
9   sed ficte *om.* E; non *om.* C
10   aliquem] eum (?) B, *om.* C
9/10   Igitur . . . idolatrare *om.* E
11–13   Sed . . . sic] Praeterea si (quod C) homo potest licite adorare diabolum sic trans-
        figuratum per errorem invincibilem sine peccato arguo (igitur C) adhuc sic B C
        RBM, sed adhuc arguo quod homo potest in casu licite adorare diabolum sɪc
        transfiguratum per errorem invincibilem et pono sic P
11   Sed] quinto E; potest] licite *add.* E
12/13   potest . . . verum *om.* E
13   sic] et *add.* C; Pono quod] ad quod pono unum casum quod E, pono istum
        casum quod C, *om.* P Vat
14   Christus Petro ∼ B C RBM; Petro *om.* E

---

11 – pag. 118,11   Cf. Holcot, Sent. III q.1, a.5 (ℑ fol.1 IV ra 34–54.
       P fol.81 vb 31–56. RBM fol.82 ra 21–47. Correxi secundum P et RBM): „Quin-
       tus articulus est: An adorans diabolum transfiguratum in effigie Christi per er-
       rorem invincibilem delusus excusetur ab idolatria per talem ignorantiam. Dixi
       (dico P) quod non solum excusatur a peccato, immo tantum meretur, quantum
       mereretur, si Christum adoraret, si tamen fecit, quod in eo fuit ad discernen-
       dum, an Christus fuit an non. Et ad hoc ⌊adduco quasdam rationes (adduxi ad
       hoc multas rationes ℑ), quarum una (prima ℑ) fuit talis: Ostendat se Christus
       Petro in certa effigie et credat Petrus eum esse Christum et adoret eum adora-
       tione latriae et ostendat similiter ⌊deus diabolum⌋ (se diabolus P) omnino in
       consimili effigie (Jesu *add.* ℑ) et sub eisdem signis (figuris ℑ) et adoret eum

Petrus eum esse Christum et adoret eum adoratione latriae, et pono
quod deus ostendat diabolum in aequali effigie omnino et sub eisdem
signis Johanni et adoret eum Johannes: Quaero aut Johannes peccat
aut non. Si non, habetur propositum. Si sic, igitur Petrus peccat. Probo
5 consequentiam, quia non maiorem certitudinem habet Petrus de isto,
quem ipse adorat, quod est ipse Christus, quam habet Johannes de illo,
quem ipse adorat. Igitur si Johannes errat, et Petrus errat. Unde MA-
GISTER SENTENTIARUM libro quarto dist. 30 c.4: Si diabolus transfiguratus in angelum lucis credatur bonus, non est error periculosus. Dicitur
10 hic quod neuter eorum peccat nec debet adorare nisi sub conditione
posito tali casu. Unde deberet dicere: ‚Adoro te, si tu es Christus.‘

---

1   Petrus *om.* B RBM; Christum] deum P
1/2   et pono quod *om.* E, pono quod *om.* C Vat, et pono quod deus *om.* B RBM; deus
         ostendat ∼ C Vat; deus] se C; diabolum] omnino *add.* C; aequali] consimili P,
         eadem Vat; omnino *om.* Vat.
3   signis] omnino *add.* C
3   Johannes¹ *om.* P Vat; Quaero] igitur *add.* C E Vat; aut] vel C Vat
4   aut] vel C
5   consequentiam *om.* C; quia *om.* B E RBM; non *om.* B
5   isto] Christi isto B RBM, Christo P, illo C
6   quem] quod C; est *om.* C; ipse² *om.* Vat
6   quod . . . Christus *om.* E P.
6/7   habet Johannes ∼ Vat; quam . . . adorat *dupl. paulo post* C RBM; adorat] adoret
         RBM, quod est (ipse) Christus *add.* B C E P Vat
7   Johannes] adorando *add.* B RBM; errat¹] peccat P; et *om.* C; errat² *om.* P; Unde
         Magister *dupl. et del.* RBM; Unde] verum C
7–9   Unde . . . periculosus *om.* P Vat
8   dist. 30] dist. 13 B RBM, dist. 12 E
8/9   transfiguratus *perd.* RBM, transfigurans se C E
10   hic *om.* E P Vat; neuter] scienter E; eorum *om.* C E RBM
10   peccat nec *om.* P; peccat . . . adorare] errat C E Vat
11   posito] supposito E; tali casu ∼ RBM Vat; deberet] debet C E P RBM; dicere]
         dici RBM

Johannes, tunc quaero, an Johannes peccat aut non. Si sic, igitur Petrus peccat.
Consequentia patet, quia non maiorem certitudinem habet Petrus quam Johannes. Si non, habetur propositum. Ad istud ⌞respondet socius⌟ (dicitur P, respondetur RBM) quod si Petrus et Johannes sunt duo boni homines et faciant quod
in se est ad discernendum, neuter peccat, quia uterque adorat deum interiori
adoratione. Igitur uterque adorat deum. Et quando dicitur: Johannes adorat diabolum, respondet negando, quia neuter eorum adorat diabolum, sed uterque
deum. In illa responsione primo concedit propositum meum, secundo non dicit
consequenter ad ea, quae ⌞dixi alias⌟ (alias fuerunt dicta P RBM), tertio assumit
falsum.“

7–9   Petrus Lombardus, Sent. IV, d.30, c.1 (ed. Romae 438). Cf. Augustinus, Enchir.,
         c.60 n.16 (PL 40,260; CCL 46,81). (Thomas S.th. II II, q.10, a.2 Anm. 3).
10 – pag. 119,11 Cf. Holcot, Sent. III, q.1, a.5 (ℨ fol. 1 IV rb 56 – va 9. P fol. 82 rb 3–11.
         RBM fol. 82 rb 40–49; P *et* RBM *om.:* ‚socius iste reverendus‘): „Secunda ratio

Sed contra hoc arguitur sic: Qui simulat se dubitare, ubi non dubitat, false simulat illud, ad quod nullus tenetur. Sed ille Johannes non dubitat; igitur non debet simulare se dubitare.

Praeterea aut illa conditio adiecta diminuit de adoratione aut non. Si non, non prodest illam apponere. Si diminuit, igitur si iste in tali casu 5 debet apponere conditionem, debet intendere diminutionem de cultu deo debito, et ultra: tenetur intendere eum adorare minori cultu quam latria. Igitur teneretur eum velle adorare sicut creaturam nobilem.

Consequens omnino est irrationale, quia qua ratione debet eum adorare sicut creaturam nobilem, deberet eum adorare sicut deum. Et si 10 error non excuset in uno, nec in alio.

Praeterea sic: Dictamen conscientiae tantum obligat, quando est erroneum, sicut quando est veridicum. Sed conscientia sua erronea in casu

---

1 arguitur] arguo Vat; sic om. E; simulat] significat C P, dubitat E; non om. E

2 false om. P; simulat] significat C P; simulat illud om. E, illud om. C; nullus] nullis C

2 ille] iste C P

3 debet] se add. RBM; simulare] significare C E P; se dubitare add. in marg. C

4 Praeterea] secundo E; illa] ista P Vat, om. C; adiecta] adiuncta E

4 aut²] vel C E P Vat

5 non² om. E; illam] sibi iam B C RBM, sibi eam Vat; si iste] ille RBM; tali om. Vat

6 debet] deberet Vat

5-7 Si ... debito] si non debet sibi apponere si diminuit tunc in tali casu debet apponere et debet intelligere diminuere de cultu divino seu deo debito E

6 conditionem] et add. B RBM; intendere] diminuere B RBM; corr. in marg. RBM; diminutionem] diminuere C P Vat

7 ultra] igitur add. P; tenetur] teneretur B RBM; intendere om. Vat; adorare] adoratione E; minori] minore C

8 latria] et ultra add. P; teneretur] tenetur C E P; eum velle ∼ P

8 nobilem] rationalem Vat

9 omnino est irrationale ∼ C E P, falsum et irrationale est omnino Vat, irrationabile E; debet] omnino add. E

9/10 eum adorare ∼ E P Vat; nobilem] rationalem Vat; deberet] debet P

10 eum adorare ∼ P Vat; si] sic Vat

11 excuset] eum add. P; uno] igitur add. P

12 Praeterea] tertio E; sic om. C E RBM

13 est om. Vat

13 - pag. 120,1 sua] est add. Vat; in ... invincibili ∼ P, erroris invincibilis Vat

---

mea fuit talis contra hoc quod prius dixerat socius iste reverendus scilicet quod homo in tali casu debuit sub conditione adorare sic: Adoro te, si tu es Christus. Contra: Aut ista conditio diminuit de cultu aut adoratione vel non. Si diminuit, non adorat adoratione latrie; et tamen conscientia sibi dictat quod tali adoratione debeat adorare. Ergo facit contra conscientiam; ergo aedificat in gehennam. Si noa diminuit, ergo non obstante ista conditione adiecta vere adorat; ergofrustra additur."

12 - pag. 120,2 Cf. ibid (ℨ fol. 1 IV va 54 - b 2. P fol. 82 va 8-14. RBM fol. 82 va 31-36. Correxi secundum P.): „Tertio argui et ratio fuit talis: Dictamen conscientiae

errore invincibili dictat sibi quod hoc est adorandum sicut deus, quod
ipse ibi videt. Igitur si non adorat, peccat mortaliter.

Praeterea omnem adorationem potest homo licite facere, cum qua
stat continue talis intentio: Tantum unum deum volo adorare. Sed
5 cum omni actu, quem ipse facit, stat apud eum veritas huius propositionis: Tantum unum deum volo adorare. Igitur interim non intendit
quod adorabit aliud a deo; hoc est: Haec non est concepta ab eo: Ado-
rabo aliud a deo.

Praeterea odiens deum errore invincibili vel interficiens deum putans
10 eum maleficum non peccat, nisi ipsemet fuerit in causa, quare errat.
Igitur nec adorans vel summe diligens creaturam per errorem invinci-

---

1	sibi *om.* P; hoc] iste Vat; adorandum] adorandus Vat; sicut deus *om.* C; quod]
	quem Vat
1/2	dictat . . . ibi *om.* E
2	ibi *corr.* RBM, sic Vat
3	Praeterea] quarto E; licite *om.* E
3	qua *add. sup. lin.* RBM
4/5	stat . . . facit *om.* Vat
5	omni] illo P; ipse] iste P
5	huius] illius B E RBM, istius C
7	adorabit] adorat Vat; hoc est *om.* C Vat; hoc] haec B RBM; Haec *om.* B RBM
7/8	hoc . . .deo *om.* E
9	Praeterea] quinto E; odiens] adorans E
10	maleficum] maledicum RBM
10	nisi] insi E; fuerit] fuit B
11	summe diligens] ut fruendum E
11 – pag. 121,1	invincibilem] non *add.* P

---

tantum obligat, quando est erroneum sicut quando est veridicum. Sed Johannes
habet in casu posito dictamen conscientiae, licet sit erroneum, quod hoc, quod
sibi apparet, est adorandum sicut deus. Igitur si non adorat, peccat mortaliter.“

3–8   Cf. Holcot, ibid. (Ↄ fol. 1 V ra 52 – b 11. P fol. 93 17–26. RBM fol. 83 ra 27–40.
In P et RBM *om.* ‚Socius‘. Correxi secundum P.):
„Quarta ratio mea fuit talis: Omnem adorationem potest homo licite facere,
cum qua stat continue talis intentio in eodem: Tantum unum deum volo adorare, supposito quod deum verum credat esse unum. Sed cum omni actu, quem
Johannes facit adorans diabolum per errorem, stat semper in eo talis intentio
continue: Tantum unum deum volo adorare. Igitur talem adorationem potest
licite facere . . . Ad istud respondet socius negando maiorem, quia mundi sa-
pientes, de quibus loquitur Apostolus Ad Rom. I, deum cognoscentes servierunt
creaturae et commiserunt idolatriam. Tunc arguit sic. Adoratio quam ipsi fecerunt, compatiebatur secum assensum istius: Tantum unus deus est, ut patet in
Littera et in Glossa, quia aliter fuissent excusabiles, ergo illa adoratio fuit eis
meritoria. Consequens est falsum.“

bilem peccat. Consequentia patet, quia maius malum vel aequale iudi-
catur odire deum quam adorare creaturam.

Potest dici quod casus est impossibilis quod homo patiatur sic errorem
invincibilem exsistens compos mentis suae, si ipsemet non fuerit in
causa, quia si ipse non praestet obstaculum, deus informabit eum de 5
delusione tali, sicut de sancto Martino legimus.

Contra: Pari ratione debet dici quod deus numquam patitur hominem
esse in errore invincibili de quocumque faciendo nisi propter peccatum suum. Et sic nullus error foret homini invincibilis, quia posset conteri de peccato suo et vitare errorem. Et licet verum sit de facto quod 10
deus frequenter informavit sanctos in tali casu de veritate per illud
donum Spiritus Sancti, quod vocatur discretio spirituum, non tamen
includit contradictionem quod deus permittat hominem sic errare,
cum libere faciat, quidquid facit ad extra.

Praeterea deus potest in intellectu causare talem assensum erroneum 15
et manu tenere per diem, quia non includit contradictionem hoc fieri,
quia creaturae hoc possunt facere.

Praeterea quod talis error simpliciter excusat, probo per exemplum,
quia secundum AUGUSTINUM coniugatus, qui adhibens debitam diligen-

---

1   maius] magis B RBM; iudicatur] videtur C E P
2   quam] et C E P Vat
5   quia *om.* E
5   non *add. in marg. (?)* P, *om.* B; praestet] praestat Vat
6   sicut . . . legimus *om.* P Vat; sancto *om.* B RBM
7   debet] potest Vat
7/8   hominem esse *om.* E; esse *om.* P
9   error foret ∼ P; homini invincibilis ∼ Vat; posset] potest C
9/10 conteri . . . suo] confiteri de peccato suo et conteri E
10   suo *om.* P; verum *dupl. et del.* RBM
10–13 Et² . . . errare *om.* E
11   sanctos *add. in marg.* RBM; informavit . . . casu ∼ C P Vat
14   faciat] facit RBM
15   Praeterea] secundo E; in *om.* RBM, cum C Vat
15   assensum] sensum B RBM; quia] quod B E Vat
16   hoc *om.* P, illud Vat; fieri] et *add.* C E Vat
17   quia] quod Vat; creaturae] creati *corr. in marg.* RBM, creatura P
17   hoc] illud C P Vat; possunt] potest P
18   Praeterea] tertio E; error *add. sup. lin.* RBM, *om.* B P; simpliciter] similiter C E P;
       excusat] excusatur P
18   probo] probatur E; exemplum] exempla E P Vat
19   qui] quae C; adhibens] omnem *add.* E

---

18 – pag. 122,2   Cf. Petrus Lombardus ibid. 438.

tiam accipit non suam, quae sibi dolose supponitur, simpliciter excusatur a peccato.

Praeterea error iste causat involuntarium respectu illius volutionis in
mente: ‚Volo adorare diabolum‘. Sed praestare honorem diabolo im
5 putabiliter non posset, nisi assentiret isti: ‚Volo adorare diabolum‘, cui
nullo modo assentit per casum. Igitur etc.

Contra istam viam arguitur sic: Si error talis excusaret Johannem in
casu argumenti, ponatur igitur quod iste apparens ei praecipiat sibi
quod occidat seipsum. Videtur quod ipse tenetur oboedire, et si facit,
10 excusatus est. Nec potest responderi quod per tale praeceptum ita immane potest deprehendi non esse deus, quia deus est dominus vitae et
mortis, et per consequens potest dare facultatem cuilibet super vitam
<suam> vel alterius, quantumcumque sit iustus, sicut fecit Abrahae
de filio suo. Et confirmatur, quia secundum Augustinum De civitate
15 dei libro 1 capitulo 18: Per hoc excusatur Sampson quod seipsum occidit cum aliis, quia hoc intelligitur fecisse de familiari consilio Spiritus
Sancti, ubi dicit quod de Sampson aliud non est nobis fas credere, nisi
quod hoc fecerit iussu divino.

---

1   simpliciter] similiter C
3   illius] istius C P
4   adorare] honorare C; diabolum] cui nullo modo assentit *add. et del.* B
4   praestare] patrare *et corr. man.* 2ᵃ RBM; honorem *om.* B RBM
4/5   imputabiliter non posset ∼ P; imputabiliter] imputari Vat
5   isti] non *add. et del.* RBM
6   Igitur etc. *om.* C Vat
7   istam viam ∼ P; arguitur] arguo (?) RBM Vat, igitur C
7   Johannem] hominem B RBM, excusaret ∼ Vat
8   ponatur] ponitur P; igitur *om.* B RBM
8   iste] ille C; ei *om.* B RBM, sibi E Vat; praecipiat *add. in marg.* RBM; sibi *om.* RBM
9   facit] faciat P
10   excusatus est ∼ P Vat; responderi] respondere RBM; per *om.* B RBM
10/11   immane] imminutum B RBM, mane E; esse] est C
11/12   deus² . . . mortis ∼ Vat
12   vitam] suam vel *add.* P
13   Abrahae] Abraham P
14   Et *om.* C P Vat
14/15   De . . . 1 ∼ P; dei *om.* B RBM; De . . . dei *om.* E; 18 *perd.* Vat
16   hoc *om.* RBM; intelligitur] intellectus RBM; fecisse] fuisse P; de] ex C
16   cum . . . familiari *om.* E
16   consilio] cum filio E
17   dicit] dico Vat; Sampson] Sampsone P; non est nobis ∼ P; nobis *om.* E; fas] ius E
18   hoc] crederit vel *add.* RBM, vel fecerit *sup. lin.* RBM, hoc *om.* Vat; quod . . .
         fecerit] quia fecit E; fecerit] fecit C
18   divino] divini C

14–18   Augustinus, De civ. Dei I c.21 et 26 (PL 41,35; 39; CCL 47,23; 26 s).

Ad illud non tergiversando sed dicendo consequenter admitto casum esse possibilem et concedo conclusionem quod talis sic errans non peccat.

Contra: Ponatur quod apparitio talis fieret alicui principi magno et quod diabolus apparens suaderet sibi destructionem ecclesiae. Si talis 5 ad praeceptum diaboli hoc faceret, non peccaret.

Ad illud dico quod fidelis audito tali praecepto deberet adhibere diligentiam quantam posset ad dicernendum de illo apparente, an esset deus, et similiter in casu praedicto credendum est quod deus non permitteret eum errare. Si tamen deus permitteret quod ille sub eodem 10 errore putans se obsequium praestare deo ecclesiam destrueret, non video quod peccaret, quia nullus peccat nisi sciens se peccare vel ignorans ignorantia vincibili, quae non reddit involuntarium secundum ARISTOTELEM Tertio Ethicorum.

Sed contra hoc arguitur sic Johannes 16: ,Venit hora, ut omnis, qui 15 interficit vos, arbitretur se obsequium praestare deo', quod pertractans AUGUSTINUS Super Johannem homilia 93 dicit quod Judaei occidentes

---

1   Ad] aliud *add.* E; tergiversando] aegreversando Vat; dicendo] dico Vat; conse-
       quenter] communiter E P Vat; admitto] admittendo Vat
2   esse] est C; concedo condlusionem ~ P
2/3   esse . . . peccat *om.* E
2/3   peccat] peccaret P
4   Ponatur] ponitur P; alicui *om.* E RBM Vat
5   quod *om.* Vat; suaderet] suadet E RBM
7   illud] istud P, hoc Vat
7   deberet] debet P
8   quantam] quam E RBM Vat; discernendum] percipiendum B C E RBM Vat
8   de] diabolo *add.* Vat
9   et *om.* Vat; similiter . . . praedicto ~ C Vat, etiam (et) *add.* C Vat
9   casu] tale (?) B, posito *add.* B; in . . . praedicto *om.* P
10   errare] sed *add.* E; quod ille] eum errare et ipse B RBM, et ipse C Vat
10/11 quod . . . putans *om.* E; sub . . . deo ~ Vat
11   praestare] dare RBM; se obsequium ~ E; deo] et si add. B RBM
11   ecclesiam destrueret ~ B RBM
11   destrueret] destruere C
13   vincibili] invincibili RBM Vat, reddit] redderet E, credidit C
15   Sed *om.* E; contra *add. in marg.* RBM; hoc] illud P, istud C Vat; arguitur] arguo C
      P Vat; sic *om.* E
16   interficit] inter B RBM; arbitretur *om.* B; se] vos E
16   arbitretur . . . deo] etc. P; obsequium] se *add.* E
17   93 *om.* B

13s   Cf. Aristoteles, Eth. Nik. III c.1 (Γ 1110,30 ss).
15–17 Jo 16,2.
17 – pag. 124,4   Augustinus, In Joh. Evangelium, tract. 93 (PL 35,1866 s; CCL 36,560).

Christum et persequentes Apostolos arbitrabantur se obsequium praestare deo vero; sed gentiles occidendo Apostolos arbitrabantur se obsequium praestare diis falsis. Igitur Judaei occidentes Christum et Apostolos non peccaverunt.

5 Ad illud dico quod non sequitur, quia ignorantia Judaeorum fuit crassa
et affectata nec fuerunt solliciti ad considerandum facta Christi et
suam doctrinam secundum bonum iudicium rationis, et ideo meru-
erunt excaecari et non illuminari. Unde eorum ignorantia non excusat
eos nec est simile ad casum argumenti.

10 Sed adhuc arguo contra conclusionem principalem de adoratione illius, qui sic decipitur. Quaero an committit idolatriam vel non. Si sic,
igitur peccat. Si non, igitur adorat creaturam adoratione latriae. Igitur
committit idolatriam large loquendo de idolatria. Confirmatur ista ratio, quia gentilis adorans idolum aut credit illud esse deum aut non. Si

15 non credit illud esse deum, igitur non exhibet ei cultum soli deo debitum, quia iste cultus magis exsistit in devotione cordis quam in obse-
quio corporis. Igitur si non credit idolum suum esse deum, non exhibet
ei cultum soli deo debitum. Igitur non est idolatria, quia non est grave

---

1   et *om.* E
1/2   se ... praestare ∼ B Vat
1–4   et ... Apostolos *om.* C
2/3   deo ... praestare *om.* B E
2/3   obsequium praestare ∼ Vat
3   falsis] suis P; et Apostolos *om.* RBM Vat
5   quia] ad C
5   crassa *perd.* C; fuerunt] fuerant P
6   considerandum *add. in marg.* B RBM
7   bonum] consilium et *add.* E
8   excaecari] exsecari RBM, *corr.* B
8   eorum ignorantia ∼ P RBM, illorum P
8   excusat] ignorat E
9   eos *om.* B RBM; argumenti] articuli RBM
10   Sed *om.* P; arguo] arguitur B RBM
10/11   illius] istius C, huius P
11   an] aut C E; vel] aut E
11–13   vel non ... idolatria] videtur quod sic, quia adorat creaturam, immo pessimam P
12   igitur²] contra E, igitur consequentia C
13/14   ista ratio ∼ P
14   illud] eum C P Vat, aliquid B; aut²] vel C, aut non *add. in marg.* RBM; non]
         credit aliquid esse deum *add.* B, credit eum esse deum *add.* C
14/15   aut² ... deum *om.* Vat; credit ... deum *om.* E
15   illud] eum C P; exhibet] adhibet B
16   iste] ille C P; exsistit] consistit B C RBM
16/17   obsequio] exequio Vat; corporis] corporum RBM; credit] crederit Vat
17   deum] igitur *add.* C P Vat; exhibet] adhibet B Vat
17/18   non ... debitum] igitur etc. E
18   ei] sibi Vat

periculum exhibere creaturae reverentiam, nisi cedat in dei praeiudicium. Et similiter sequitur: Non credit illud esse deum; igitur non adorat illud sicut deum adoratione latriae; et ultra: igitur non est idolatria. Si dicatur quod talis credit illud idolum esse deum, sicut ipse asserit – Contra: Igitur per te non peccat, quia sequitur dictamen conscientiae 5 erroneae et ignorantiam invincibilem. Et sic aliquis homo per totam vitam suam posset adorare idolum sine peccato mortali, si tamen talis error <eum> excusaret.

Ad istud dico quod generaliter loquendo de omni infidelitate, sive sit haeresis sive quaecumque infidelitas, numquam aliquis permittitur in- 10 duci in contrarium fidei errorem, quae fides est necessaria ad salutem aeternam consequendam, nisi propter aliquam malitiam voluntatis, qua vel neglegit studere vel indulgere circa ea, ad quae naturaliter ordinatur. Et quicumque non praebet tale obstaculum gratiae divinae, ubicumque fuerit et qualitercumque se habuerit, infundetur sibi noti- 15 tia sufficiens ad salutem. Et videbit verissimas similitudines et rationes sufficienter in eo causantes assensum; et sic dependet fides a voluntate, praesupponendo videlicet bonum usum voluntatis.

---

1   exhibere creaturae] dare creaturis Vat; creaturae] periculum *add. et del.* RBM
2   sequitur] sequeretur Vat
2/3   Et similiter . . . idolatria *om.* P
3   deum] scilicet *add.* C; et ultra *om.* Vat
4   quod] illud *add.* E; talis] generaliter *add.* P; illud idolum ∼ P, illud *om.* C, idolum *om.* E; asserit] per te *add.* P
5   per te *om.* E
6   aliquis *om.* Vat; homo *om.* RBM
6/7   per . . . posset ∼ Vat; suam *om.* B RBM; posset] potest E, *om.* C; idolum] idola C E
7   tamen] tantum E; talis] huiusmodi Vat
8   <eum>] non *add.* C Vat, eum ℑ
9   istud] illud C, id RBM; quod *om.* C RBM Vat
9   sive] sint C
10   infidelitas] quod *add.* B C RBM
10/11   permittitur induci] inducitur P, ∼ C Vat
10/11   aliquis . . . errorem ∼ C E
11   contrarium . . . errorem ∼ C Vat, contrariam Vat; ad *om.* Vat
12   aeternam consequendam ∼ B RBM; consequendam *om.* E
13   qua] quando P, quia E Vat
13   ad *add. in marg.* RBM; ad quae *om.* P
14   quicumque] quaecumque C; praebet] prohibet Vat; obstaculum] obsequium B RBM; gratiae divinae] deo et suae gratiae P; gratiae *om.* C
15   qualitercumque] quocumque B RBM, quomodocumque C E, a quocumque Vat; habuerit] divertat B RBM; infundetur] infunditur Vat
16   similitudines et *om.* E P
16   verissimas similitudines] verisimilitudines C, verisimilitudinem Vat
17   sufficienter] sufficientes Vat, *om.* E; in eo *om.* B RBM; in eo causantes ∼ C Vat; dependet fides ∼ Vat
18   videlicet] scilicet E; bonum] liberum Vat; usum] rationis seu *add.* E

Et tunc ad argumentum concedo quod unus idolatria credit, illud quod adorat esse deum, et errat. Sed dico quod illius erroris ipse est causa aliquo modo et alias non peccaret. Unde propter malum usum voluntatis et negligentiam vivendi secundum principia iuris naturalis incidit
5 in talem errorem. Et non sequitur: Facit secundum dictamen conscientiae, igitur non errat, sicut notum est.

Sed contra illud videtur esse intentio beati AUGUSTINI in homilia 93 Super Johannem, sicut superius allegatum est, quia gentiles in persequendo Apostolos arbitrabantur se obsequium praestare diis falsis. Igi-
10 tur iudicaverunt se adorare deos falsos.

Respondeo quod haec propositio et consimiles distinguendae sunt eo quod talis propositio potest denominare actum iudicandi transire in dictum propositionis vel in rem dicti, hoc est in aliam propositionem a dicto in forma sua, cuius tamen subiectum supponit pro eadem re, pro
15 qua supponit alterum extremum dicti, cuiusmodi est ista: ‚Gentilis iudicat se adorare istum.‘ Non quod gentilis iudicet, hanc esse veram: ‚Ego adoro falsum deum‘, quia sicut bene est argutum, tunc non cole-

---

1   Et *om.* C E Vat; unus] verus C E P
2   deum] suum *add.* P
2   illius . . . causa ∼ C P; erroris] errorum RBM; est *add. sup. lin.* RBM, *om.* B
3   aliquo modo] quodammodo B C RBM; et *om.* E
3/4   malum . . . voluntatis] voluntatem malam B RBM Vat; usum *om.* C E
5   secundum] contra E
6   igitur] ergo RBM; non *add. sup. lin.* RBM; igitur] non peccat vel *add.* P
7   Sed *om.* P; illud] tamen *add.* C E P; esse *om.* B E RBM; beati *om.* C E P Vat
7   intentio . . . Augustini *om.* B; in *om.* P
7/8   homilia . . . Johannem ∼ P
8   allegatum est ∼ P; quia] quod P; persequendo] prosequendo E
9   obsequium praestare ∼ Vat; diis falsis] deo E
10   falsos] est *add. et del.* Vat
11   Respondeo] dico P; propositio] Augustini *add.* P; consimiles] gentilis iudicat se adorare deum falsum *add.* B C RBM, gentiles iudicant se adorare deos falsos E Vat, deum falsum C
11   et . . . sunt] est distinguenda et consimiles Vat; distinguendae sunt] est distinguenda B C E RBM
12   talis propositio *om.* E
12   actum *add. in marg.* C
13   hoc] haec E
14   dicto] deo Vat; forma sua ∼ C E P Vat
15   supponit] supponat E P
15   cuiusmodi] cuius P
16   iudicet] iudicat RBM
17   deum *om.* E; est argutum ∼ C P Vat; est *om.* E

7–10   Cf. supra pag. 124,2ff.

ret eum cultu latriae, quae requirit assensum unius talis propositionis. Sed quia gentilis iudicat unam talem esse veram: Iste es deus, demonstrato idolo, quod adorat, ideo errat et per consequens idolatrat. Expliciunt quaestiones Holkote super Sententias.

---

1   quae] qui E; requirit] requiritur ad P
2   sed quia] scilicet quod B RBM
3   quod . . . idolatrat] etc. RBM Vat, *om.* C; ideo . . . idolatrat *om.* E
4   Expliciunt . . . Sententias *add.* B RBM, *quia ibi sunt in fine Commentarii.*

NAMENSREGISTER „EINFÜHRUNG"

SACHREGISTER „EINFÜHRUNG"

NAMENSREGISTER „CONFERENTIAE"

SACHREGISTER „CONFERENTIAE"

Beiträge zur Geschichte der Philosophie und Theologie des Mittelalters – Neue Folge

Ausführliche Prospekte auf Wunsch. Verlag Aschendorff, Soester Straße 13, 4400 Münster.

Aschendorff

DATE DUE

HIGHSMITH 45-220

NOTRE DAME CONFERENCES IN MEDIEVAL STUDIES
Number V

Institute of Medieval Studies
University of Notre Dame
John Van Engen, Director

ERIUGENA: EAST AND WEST